在德国特利尔瞻仰马克思故居。

考察美国加州理工学院。

考察西安交通大学。

　　2013 年 8 月 3 日，出席第二届西北联大与中国高等教育首发论坛暨纪念西北联大汉中办学 75 周年学术研讨会，代表中国高等教育学会致辞并发表以激发大学思想文化为主题的演讲。

考察山东理工大学。

在西安督导教育部直属高校时，利用休息时间拜谒习仲勋同志陵园。

夜幕中走进德国慕尼黑大学。

考察台湾大学。

在考察西藏藏医学院藏药教学基地途中。

2014 年 10 月 18 日，在宁波出席"建设高水平中外合作大学国际论坛"，并主持大会。

2017 年 7 月 4 日，在中国高等教育学术年会暨高等教育论坛作主旨演讲，介绍有关研究成果。

2014 年 10 月 15 日，出席第三届西北联大与中国高等教育发展论坛，代表中国高教学会致辞，并发表《说大学之大，行大学正义》主旨演讲。

2016 年 4 月 7 日，在地处宁波的海事警察学院讲学并登上该院海警实习船参观。

与《人民日报》、《光明日报》、《中国教育报》记者在西藏采访调研。

2017年5月10日，出席并分时段主持2017（成都）全球创新创业名校高峰对话暨中外大学校长论坛。

2016 年 10 月 13 日，在浙江外国语学院作学术演讲。

时任《中国高等教育》总编辑与编辑部同仁合影。

问道大学

陈 浩 著

团结出版社

图书在版编目（ＣＩＰ）数据

问道大学 / 陈浩著. -- 北京 : 团结出版社,
2018.5（2018.8 重印）
ISBN 978-7-5126-6255-1

Ⅰ．①问… Ⅱ．①陈… Ⅲ．①高等教育－教育改革－
研究－中国 Ⅳ．①G649.21

中国版本图书馆 CIP 数据核字 (2018) 第 072855 号

出　版：团结出版社
　　　　（北京市东城区东皇城根南街 84 号　邮编：100006）
电　话：（010）65228880　65244790 （出版社）
　　　　（010）65238766　85113874　65133603（发行部）
　　　　（010）65133603（邮购）
网　址：http://www.tjpress.com
E-mail：zb65244790@vip.163.com
　　　　fx65133603@163.com（发行部邮购）
经　销：全国新华书店
印　装：三河市东方印刷有限公司

开　本：170mm×240mm　　　16 开
印　张：15.5
字　数：202 千字
印　数：6056-8065
版　次：2018 年 5 月　第 1 版
印　次：2018 年 8 月　第 3 次印刷

书　号：978-7-5126-6255-1
定　价：58.00 元

目　录

序

为新时代大学鸣道

陈浩同志的新书《问道大学》即将出版，特意嘱我作序。

陈浩在教育界有一个广为流传的尊称——浩哥（浩歌）。"临风浩歌，人生几何"，当年贾平凹给他的这一题词，颇合他的性格。陈浩在《中国高等教育》任副总编和总编长达十三年。他撰写的或激情澎湃或尖锐深刻的《中国高等教育》卷首语给许多人留下深刻印象。他出版的文集《中国高等教育改革潮走笔》和《微言评高教》让许多人津津乐道。在这部新作中，他在高等教育思想的海洋中纵横捭阖、挥斥方遒，从大学之道遄论、治校强教省思、思想举要节录、高教改革史说、高教期刊刍议五方面论述，一如他一贯的文风，有深入思考、有家国情怀、犀利泼辣。可以说这是一部为新时代中国大学改革发展鸣道的力作！

关于教育的时代使命和责任，我曾在我牵头撰写的《高等教育强国梦》一书中述说过研究心得："历史证明，当国家处于生死存亡的极度动荡时期，教育不能救国！现实证明，当国家处于和平建设的发展时期，教育能够兴国！未来将会证明，当国家处于伟大复兴的关键跃升时期，高等教育可以强国！"今天，中国发展迈入了新时代，开启了新征程，建设教育强国成为中华民族伟大复兴的基础工程。作为从事高等教育工作三十多年的一名老兵，我感同身受，实实在在、真真切切地体会到中国高等教育使命神圣、责任重大、任务艰巨的含义和分量。

与国家发展同向同行，中国高等教育发展进入了新时代。新时代必须承担着新使命，第一，目标更高了。党的十九大报告指出，建设教育强国是中华民族伟大复兴的基础工程。优先发展教育，才能面向新时代、赢得新时代、领跑新时代。因此，高等教育强国要在教育强国建设中先行实现，高等教育不是适应新时代的问题，要赢得新时代，最重要的是要有领跑新时代的能力。第二，任务更硬了。十九大报告讲教育的部分有327个字，内涵丰富，尤其是其中的动词的使用与以往不一样。比如，以前是"把立德树人当作高等教育的根本任务"，十九大报告是"落实立德树人"，"当作"是号召，"落实"是目标。以前说"实施素质教育"，十九大报告是"发展素质教育"。我们正要举办第四届全国"互联网+"大学生创新创业大赛。在我看来，大学生创新创业教育是新时代素质教育的新突破。原先素质教育更多地体现在知识层面，如增加人文素养知识，现在我们要把知识、能力、素质揉合在一起。我们要培养学生的"两性"：血性和狼性。血性就是要有家国情怀，狼性就是要有团队精神和敢于冒险、不怕失败。所以，素质教育不是实施的问题，而是发展的问题。以前提"促进教育公平"，十九大报告提"推进教育公平"。以前提"推进高等教育内涵式发展"，十九大报告则提出：加快一流大学和一流学科建设，实现高等教育内涵式发展。第三，需求更迫切。总书记说，高等教育发展水平是一个国家发展水平和发展潜力的重要标志。我们对高等教育的需求比以往任何时候都更加迫切，我们对科学知识和卓越人才的渴求比以往任何时候都更加强烈。

与国家发展同向同行，中国高等教育发展开启了新征程。新征程必须有新判断。对当前我国高等教育，我们有如下基本判断：第一，中国高等教育发展整体上进入世界中上水平，开始进入世界高等教育发展第一方阵。第二，中国高等教育开始与国际高等教育最新发展的潮流包括发展理念、发展标准等同频共振。从 20 世纪 90 年代到世纪之交，发达国家高等教育一直关注质量，我们关注点主要在发展规模，当时我们与发达国家不同步。现在全世界高等教育最核心的关键词——质量。我们提出的内涵式发展的核心也是质量。世界上高等教育发展的最新理念是"学生中心"，我们也提出了"学生中心、产出导向、持续改进"。中国高等教育无论是在院校评估还是在专业认证中，"学生中心"的理念开始成为共识。在高等教育主流理念上，我们开始与国际同频共振在同一个频道上。第三，中国高等教育与世界高等教育从整体上来说是追赶与超越、借鉴与自主、跟跑与领跑交织交融，有落后的，有跟跑的，个别还有领跑的。比如在创新创业教育，在信息技术与教育教学深度融合即在线开放课程建设等方面开始领跑。第四，世界高等教育开始认真倾听中国声音、融入中国元素。我们已经开始走出国门，用中国标准评估、认证世界高水平大学。2017 年 6 月，我们到美国参加《华盛顿协议》正式成员大会。高等教育"富人俱乐部"的成员开始认真倾听中国的理念、中国的经验。

与国家发展同向同行，中国高等教育发展开创了新局面。新局面必须有新变化。从总体上看，中国高等教育面临着以下四个大的变化：第一是地位和作用变了。之前，我们强调更多的是高等教育的基础支撑作用，现在我们要强调高等教育支撑和引领作用并重，而且引领的分量要加大。我国经济社会发展要想保持中高速、迈向中高端可持续高质量发展，最大的红利、最重要的牵引力就是高等教育。高等教育要发挥好这种作用。第二是发展阶段变了。中国高等教育已经从后大众化阶段向普及化阶段迅速迈进。中国高等教育 2002 年进入大众化时期，毛入学率达到 15%。15 年后的今天接近 45%，再过两到三年将超过 50%。毛入学率 50% 是世界高等教育发展进程的一个新阶段——普及化阶段。中国高等教育只用了十几年的时间就将完成从大众化向普及化的转变。一个国家的高等教育进入普及化阶段，意味着高等教育开始成为其国民的基本需求，高等教育开始成为国民职业生涯的"基础教育"。第三是类型结构变了。当一个国家高等教育发展到高级阶段，引领国家发展的一定是多样化的高等教育，而不是单一的"同构化"高等教育。不同类型的学校都可以成为国家队，在人才培养方面尤其如此。第四是环境坐标格局变了。我们的舞台是世界舞台，我们的坐标是国际坐标，我们的格局是全球格局。因此我们不仅要参与国际竞争，我们还要参与国际高等教育治理，参与国际高等教育标准的制定。

新时代中国高等教育的新使命、新判断、新变化决定了跟随模仿发展模式肯定不行，经验发展模式也肯定不适合了，理论指导型发展模式呼之欲出。先进的理念、理论、思想的产生必须有一批有宽广国际视野，又必须对中国发展有深刻把握的高等教育的思想者、研究者，有一批中国特色、世界一流的厚重成果，特别是必须有一批痴迷的中国大学改革发展的"问道者"和"鸣道者"。只有形成了这样的局面，中国高等教育这艘巨型航空母舰才能乘风破浪、一往无前，中国大学才能在国际高等教育发展中有影响力、感召力、塑造力，中国大学才能成为人才培养的高地、科技研发的基地、文化发展的策源地。

让中国大学走得更稳一些、跑得更快一些、飞得更高一些！

2018 年 4 月写于大木仓

（吴岩系教育部高等教育司司长）

自 序

问道行道看大学

　　大道在胸，机轴满怀。大千世界，万事万物皆有道。所谓天有天道，人有人道，商有商道，学有学道，师有师道，政有政道，连盗亦有道。凡此种种，无道违道难免天地混沌，方向迷茫，最终导致衰败。得道多助，失道寡助，说的也有此意。

　　问世间"道"为何物？连学界大咖都认为，谁也很难完全说服谁；类似"情"为物，有一些说不清道不明，却可体可悟。更有智者还是坚信"大道至简，真理平凡"的。就是说，有很多人认为，道、特别是常道是可问、可悟、可修为的，相信常道就是一种合大自然规律的恒常之道、平常之道，就是在我们生活中习以为常、普普通通的、时刻离不开、不可违的习俗、常识、规则、基本规律、真理和正义感等。比如，人活着必须用饮食；为师之道必有师爱，没有师爱就没有教育。有专家研究认为，中国哲学思想史上最有影响的儒佛道三教，尽管观察分析世界的视角立场不同、学说各呈异彩，但殊途同归，也有相通一致的地方。儒家的中庸之道、道家的自然之道及佛家的结善缘之道，都有要求顺其自然，尊重每一事物的本性、本然状态和本来面目的意蕴。其中，儒家和道家都强调只有顺其自然，才能达到中庸中和，才能达到有所适中、适度。就是在倡导"各适其天，各全其性"，让人类和万物相依相谐，按各自规律前行发展。

从学术和义理上论，何为"道"的学问深奥，有待深入研讨。作为各个不同领域的实际工作者，无须在一些名词概念上纠结，但对各自行业的恒常之道、基本法则不能毫无所知，更不可随意有违。否则，就会迷离方向大趋势，走弯路，甚至受惩罚。在高等教育领域，治校办学者若不知道或不坚守教书育人、培养人才是高等教育及为师者恒性不变的最基本职能和职责，不懂得或动摇立德树人是高校的立校之本，就会出现校将不校、师将不师的被动局面。古今中外对何为"大学之道"的探讨表述不少，众所周知的我国古代《大学》就论述过：大学之道，在明明德，在亲民，在止于至善；知止而后有定，定而后能静，静而后能安，安而后能虑，虑而后能得；物有本末，事有始终，知所先后，则近道矣。这个理念表达，体现了我国古圣贤的大智慧，至今仍不乏重要借鉴价值。但毕竟时代变迁，现代大学的兴起，关于"大学之道"的求索也在与时俱进。中外现当代教育理论和实践家，对此已有一些有益求索，并且有新建树。但理念普及与进一步完善的任务远未结束，需要更多的有识之士参与其中。作为一名略感兴趣者、凑热闹者，本人不知天高地厚、异想天开，不知不觉竟也加入到这种"问道悟道"的行列中，并从中造次发文论，亮己见。本集子的出版，便是一个供大家批评、引发进一步研讨的产品。不管对与错、成熟与否，至少态度是诚恳的，能求教于师友，能激发自己大脑不停止思索，这于己就是一种收获。

倘若有人发问：你算什么鸟，胆敢不认可古圣贤和近现代名家已有过的"大学之道"和"大学之大"的经典？对此，只想借用知名影视演员黄渤的戏言聊以释然："这个时代不会阻止你自己闪耀，但你也覆盖不了任何人的光辉。"你是你，他是他，我是我，各自想自己所想，说自己所说，把相同的和不同的思考都摆一摆，供人们去辨识，让时间和历史去筛选，最终都要服从正义和真理。这对繁荣学术思想是有裨益的。何时对"大学之道"的问、悟、修、行形成风气了，那一定是件好事情。

大梦谁先觉，弘道亲本真。如果说，大学的管理者和实践者，各有忙不完的繁重事务，向他们讲述应该问道行道的大道理，一般难以奏效，而用教训和事实说话可能会不一样。曾记否，2016 年 10 月 15 日，新任教育部长陈宝生首次公开发表重要谈话，竟是要求高校"四个回归"，即回归常识、回归本分、回归初心、回归梦想。这在当时高教界很震惊，却引来社会一片喝彩，让很多人惊醒。为何？因为当时确有一些高校一度出现了挤压教学、对人才培养工作有怠慢的偏颇。鉴此，我看也可以这样理解：这是一次要求大学回归常道、正道、主道的深刻教育。此前，针对有些高校和教师一度出现淡漠立德树人根本任务的忧患，已有学者零星地呼吁，提醒高校要"初心不改，本性莫移"，坚守"育人为本，德育为先"的大学正义和正道。却因人微言轻，未能听进去，有的甚至嗤之以鼻。部长严正发声，说明已病得不轻，引起广泛关注和觉醒是自然的，此后状况就大为改观。然而，能否真正在思想上扎根，行动上持续不偏，还得看实践，还得常警觉。再说句极端的话，各行各界各人，离经叛道的事真的做不得，谁胆敢违背，必自食苦果恶果，难以自拔自救。

由此联想，作为高教工作者、大学人，普遍补一补问道、悟道、鸣道，然后行正道大道的课，并非可有可无，而应成为优秀高教工作者的一种重要修为。每一个领域、每一个团队或个人，要想成全有大格局、大气场、大抱负的事业，离开了体道行道，是不可想象的。道不同不相为谋，只有志同道合才能乘风破浪、兴业可期。既然选择了从教为学，就得在育人和教改之道上有"镜破不改光、兰死不改香"的精神风骨，有"功成不必在我"，而"用功必不遗余力"的高尚情怀。如果有人认为这是唱高调，很搞笑，那也只好一声唉叹，静观其变了。我们常说要仰望星空，脚踏实地，其实与经常问道悟道行道，是同一个理儿。

时殊世异，踏歌而行。今年是我国改革开放四十周年，很值得隆重纪念。改革开放四十年来，我国高等教育取得的巨大成就，有目共睹、国人皆知。上世纪八九十年代，轰动全国的恢复高考及持续不断的改革完善，波澜壮阔的高教宏观管理体制改革及布局结构大调整、大改革，带来高教大发展、大建设、大变化；进入新世纪以来的深化教育教学改革，特别是党的十八大以来推进综合改革，启动中国特色世界一流大学和一流学科建设重大战略工程，确立高等教育强国建设战略目标，加快高等教育现代化步伐，促进内涵式发展，奋力发展更加公平和高质量的高等教育，等等。历史已经并将继续证明，新中国高等教育在突破跨越一道道发展难题之后，发展水平已经站在了崭新的历史起点上，国家和社会对高教的投入支持力度前所未有，有一批高校已开始冲刺世界先进水平，办世界先进水平高等教育的第一方阵开始形成，整体实力、尤其是走向世界教育的核心竞争力显著增强，我国已成为世界各国青年留学的重要目的国。一句话，我国高等教育正砥砺奋进在祖国新时代的浩荡春风里。秉持道路自信、制度自信、理论自信、文化自信，将愈发激励我国高等教育立足本土，放眼世界，自强不息。

颂成就美景鼓舞人心，理问题短板唤起新改革。作为纪念改革开放四十周年的文论、著述，理当以歌颂伟大成就、总结成功经验为主线，而学术研究、制定新策，还是应有问题意识，以问题为导向。诚如习近平总书记教诲的："坚持问题导向是马克思主义的鲜明特点，问题是创新的起点，也是创新的动力源。"看不到或找不准事实存在的问题短板，改革创新会无的放矢，就会缺乏动力。好问题是通向解决方案的阶梯。

大学改革创新成功与否，主要看是否解放了大学的生产力，增添了生机活力，提升了人才培养质量和科学研究水平等综合实力。前些年常谈的大学发展中的一些问题，通过近些年的深化改革，在很多方面已得到改观，有的则需要持续发力，才能得以根本化解。当前，大学改革更加强调系统性、整体性、协调性，为内涵式高质量发展注入深层内生动力和活力。从发展阶段看，已从过去的增量改革，发展为更加注重存量改革的阶段。存量改革涉及更深层次的利益调整，有的会有阵痛，通过对旧体制进行实质性改革实现制度创新，以利形成整体和长远利益的增益。以往我们一般将大学改革分为体制改革和教育教学改革两大部分，讲体制改革是关键，教学改革是核心，提高质量是目的。其实这个核心并没真正落实，而且对教学和人才培养改革中存在的体制机制问题也关注不够。从大学的本质功能看，"改到深处是教学"已被广泛认同。教学改革不出标志性的实践和理论成果，其他改革再热热闹闹，再吹得天花乱坠，也谈不上大学改革取得了根本性成功，即使自我感觉良好，但社会也会持保留态度，甚至感觉不到，难得认可。改革开放以来，各大学的教学部门和广大教师恪尽职守，积极谋划和参与教改实践，精神可嘉，成绩可喜。但新时代新要求下，深化教学改革、力促质量跃升的任务压力更加繁重和迫切。实践表明，教学改革不能只是教学部门单打独斗，一定要动员全校的力量，整合内外资源，凝聚强大合力，一定要在校内形成教学优先、教改为要的理念和氛围。对教学和教改的重视，再怎么下血本都不会过，而轻忽了，那就会酿成大过大错。

从高等教育和治校办学的本质及规律看，教学改革或人才培养体制机制改革，必将成为今后大学改革最核心最关键的攻坚任务，党政主要领导务必首先认清这个趋势。还从弘道正心看，经过不懈求索，我们终于找到了兴学强教的秘穴，这就是习近平总书记一语破的、醍醐灌顶的教导："办好我国高校，办出世界一流大学，必须牢牢抓住全面提高人才培养能力这个核心点，并以此来带动高校其他工作。"空谷足音。这道秘穴点明之前，不大被众人重视，一旦挑明，便豁然开朗！淡忘或偏离了核心点而言他，大学之道就无从谈起，甚至公说公有理、婆说婆有理，多中心或多核心乱象丛生。困难不克就该审视能力够不够，问题不解就该反思方法对不对。再不清醒，更待何时，书记校长更应把好关、带好头。须知人才培养能力真的不可以驰于空想、骛于虚声。党政各级领导都应合力筹谋如何整体提升人才培养能力问题，真切把人才培养能力当成核心能力、核心生产力，这是全面提高教育教学质量的根本依托。有志于"双一流"建设的大学，更应清醒地看到，一流人才培养能力是办世界一流大学、建设高等教育强国的基本特征和根本体现；学校种种能力建设、一切工作部署，都应服从和服务于提高人才培养能力，最终体现于提高教育质量和办学水平。遵此奉此，彻悟厉行，必将教改花繁，英才辈出，大道光明！

陈浩

2018 年 3 月 27 日

第一辑

大学之道遑论

心语小引：

本辑收录的三篇文论，关键词是：大学之大、大学正义、大学之道。有心的读者一眼看出，这是率先提醒大学"初心不改，本性莫移"和回归本真的呐喊。于我却也是"无心插柳"的产品。2014 年 10 月 15 日，由中国高教学会与相关大学联合主办的"第三届西北联大与高等教育发展论坛"在西北师范大学召开，我被安排致辞并作主旨演讲。讲什么好呢？为打开思路，读了几篇相关论文，发现都喜欢引用清华大学老校长梅贻琦的名言：大学者，非谓大楼之谓也，有大师之谓也。这当然无可厚非，却也引发我遐想：对大学之大的表述，是不是还可以有别样的表述，以涵盖更广、深、新的内容呢？勾起我遑论的欲望。于是，将演讲主题初定为《说大学之大 行大学正义》，并很快梳理出大学之大有"八大"，高校之高有"八高"。当然还很毛糙，时间所限也未能展开。不曾想，演讲下来有反响，好几所大学约我去作相关报告。同年 11 月 11 日，就在河北师范大学作了一场时间较充裕的讲座。回来后将讲稿整理出来，被《中国高教研究》要去并以《识大学之大，守大学正义》为题于 2015 年第 1 期刊发。未曾想，《红旗文摘》第 3 期转载了此文。不久，陕西中医药大学为庆贺更名成功举行教育思想大讨论系列报告会，特邀我于 5 月 12 日作《大学之大与大学之道》讲座。很快，《光明日报》领导看到这份演讲稿，当即要求作进一步精炼修改后，可在该报发表。于是有了 2015 年 8 月 6 日《光明日报》光明名家讲坛专栏刊登该文的荣幸。尔后，铜仁学院院长侯长林读了该文后为学报向我约稿。我说我给《光明日报》的原稿有一万五千字，而该报一整版只限八千字，被删过半，如果不嫌弃，我再作精心修改，全文予以刊登，实为我的心愿。学报方表示可行。现在看，文字更完整成熟的就数学报发的那篇。可见，这是相同话题文论被逼逐渐改进递进的过程；也说明，文章是可以或者需要不厌其烦地反复修改推敲的。

识大学之"大"　守大学正义

摘　要：大学发展不能总是喧闹浮躁。大学管理者对何谓大学之道和大学正义，不知不成，知而不行也等于未知。大学的使命之重大、理想之远大、精神之伟大、胸怀之阔大、文化之博大、学问之弘大、师爱之恒大、声望之高大，在很大程度上体现着大学正义，玷污和亵渎其中的任何一项核心理念，都是一种罪过，必须共同遵守、坚持践行。

关键词：大学特征；坚守本性；弘扬正义

喧腾之后多省思，近些年来，更趋成熟的深入探讨大学之道、大学使命、办学规律的文论多了起来，其中不乏内行的理性思索，给人以启迪和鼓舞。在此，我也班门弄斧就有关大学之道和大学正义的话题作些梳理，谈点看法，以求教于方家。

大学的使命和责任在不同时代、不同国别会有所不同。办好大学也没有统一的模式，难以复制，可以各有千秋、各领风骚，个性化、特色化发展；但有许多共同的规律、共性的发展理念和不可改变、必须共同遵循的通则和相持的态度。作为大学人、大学管理者，特别是大学校长，应该深谙大学之道和大学正义，并不遗余力地践行。不知不成，知而不行也等于未知。从现实情形看，由于种种主客观因素，不少大学人，尤其是大学领导者未必通晓办学律则，大多处于一知半解状态，办学治校思想碎片化、断裂化的不在少数，能全面忠实践行的大学还是凤毛麟角。这就亟需大家加强总结反思和及时梳理，更加自觉地用系统科学的治校办学的思想理念武装头脑、指导实践。在此，我们不妨从何谓大学之"大"和高校之"高"说开去。从已有的治教治校治学理念和实践探索来看，我想大学之"大"至少可以列出以下"八大"。

一、大学之"大"在于大学使命之重大

大学使命的重大或崇高，是与大学的职能和所担负的时代责任密切相关的。在中国，党和国家赋予大学培养"接班人"的重任，这是何等神圣而崇高，何况人们普遍认可当今大学还要担负科学研究、服务社会、传承和创新文化等职能。承担好这当中的每一项任务，都堪称高尚而荣光，都将得到社会尊敬。但是，大学多项职能的地位和作用不应同日而语、等量齐观的。古人说：本立而道生。后又有人演绎：盗亦有道，道亦有盗。其实都在强调立本对兴道的重要。立本错乱，兴道必偏。联想到今天的大学，就是要明白一个道理：大学毕竟是实施高等教育的机构，大学越是职能多样化，越要坚守大学的正道：立德树人，育人为本。尽管大学的内涵和职能在不断变化，但是大学的这一本性始终未变，也绝不能变。育人是天，教学为大。在为国家和民族振兴培养可靠接班人和高素质建设者的过程中，使优秀人才辈出，就是大学对国家和社会的重大贡献，也是大学的最高荣誉。这也必然要求教学即育人的功能毋庸置疑应放在大学工作的首位，如果颠倒或动摇育人的首要核心地位，大学生存发展的内在逻辑都会乱套，就会使大学、特别是大学教

师的本性迷失。

强化科研学术，引导教师勇攀科研高峰，也为大学提高发展能力和质量水平所必须。没有科研的高度，大学教学质量的高度也上不去。现在常有人批评"重科研轻教学"偏向，这不可一概而论。应该说，教师重科研本无罪，能把心思凝聚在做真学问上，怎么也不应受无端指责，能在科研和学术上拔尖，是件非常难得和值得骄傲的事。但是，身为大学教师，务必始终铭记还有一件顶顶重要的事体，即教书育人。如果置教书育人于不顾，就枉为教师。通常情况下，大学教师不应该只为学术而学术，为论文而论文，更不能借口科研任务重而应付甚至不教学，教学与学术科研应该互促互哺，学术与育人应相向而行，不能两张皮、两股道，更不能互相顶牛或逆向而动。针对科技和学术创新力不强等软肋，有些大学和学者激进忘本，偏执一端，高喊要以学术为本、学术至上，一切要为学术让路。出发点不能说不好，问题却是有失偏颇。这些似是而非的理念，很可能瞒天过海地用"学术为本"替换"育人为本"，"教学第一"也悄然被"科研第一"所替代。一些行政管理部门的考核评价和功利性极强的大学排行榜，也把论文发表数量当成了最核心指标。正是这些粗暴的论文数量和刊物影响因子崇拜导向，逼迫大学教师，包括少数学科带头人将育人主业当成了副业，甚至可以目中无人（学生）。据我前不久在某国家重点建设大学调研时了解到，该校用高薪从海外引进好几位高端拔尖创新人才，校方与他们签订合约，在规定时间内必须在指定的国际权威学术期刊发表若干论文，其他都可以不闻不问，不承担任何教书育人任务；目的只有一个，就是为学校或学科争取论文指标分值，使排名提前。这种太过功利化和形式主义的人才引进导向，实际是把高端人才当成了单纯制造论文的机器和工具，引发其他教授的不解和不满。如此办大学岂不危矣！看来，我们的大学是应该好好正本清源了，对存在本性迷失的危险，再也不能集体无意识了。

当今中国大学的时代使命或最核心任务是什么？很明确：提高质量，由大变强。"教"无"质"不强，尤其是大学人才培养质量，兹事重大，它寄托着国家的厚望，社会的期待，学生及其家庭的企盼。而恰恰又是人才培养质量提升缓慢，成了大学的普遍"痛点"。何以解困、何以解忧？唯有改革。靠增加投入、改善条件提高质量的空间已很有限，改革是提高人才培养质量不可逾越、不可替代、不可再等待的根本动力和出路。有责任心和敢担当的大学，都应深彻认清只有紧紧依靠改革，才能跃升质量的大趋势。也就是：向改革要质量，以质量赢未来。

二、大学之"大"在于大学理想之远大

"为天地立心，为生民立命，为往圣继绝学，为万世开太平"。这是我国宋代大儒张载为大学教育创立的理想宏愿，气势磅礴，意境幽远，很是深奥精妙，堪称大学理想主义的范例，迄今还不见有比这更好的表述。古代先贤还认为教育的作用和责任在于：变化气质，蒙以养正；在于存天理，灭人欲，明人伦（朱熹语）。理想信念是人生的指路明灯。很多在海外学有所成的学者，就是抱着"知识为民、智力报国、和平发展"的信念回来从教的。现代大学和大学人更应心系国家富强、民族振兴、民生改善；肩负历史责任，促进世界和谐、人类文明；志存高远、发愤图强，善于筑梦、追梦、圆梦。大学尤其要有真理高于一切的信念，大学人更应信奉崇真向善、正义贵和，为国家乃至世界开太平多释放正能量。哈佛大学的校训就是"真理"（Veritas），倡导师生与真理为友。亚里士多德有句名言："吾爱吾师，吾尤爱真理。"谁都不能永久代表真理，老师也不一定有真理，每个人都可以通过自己的理性去领悟和发现真理。如果没有理想的照耀、失却真理和正义引领，大学有可能培养出虽有相当知识技能但胸无大志、目光短浅的市侩小

人，或是私欲膨胀"精致的利己主义者"，或是离经叛道"野心的投机主义者"。大学的教师和学生都会被划归到某个专业和学科，学习和研究相应专业的知识和技能，这就是从业和从学。但大学教育的目的不能卑微到只是单纯传授那些固有的专业知识上，忘了"立心"和"立命"，使理想与行动割裂。大科学家爱因斯坦曾深情地指出："仅仅靠知识和技能并不能使得人类获得快乐而又有尊严的生活。虽然专业教育可以使人成为一部'有用的机器'，但它不能造就和谐的人格。"在实用主义或现实主义大行其道的当下，我们的大学不应完全让理想主义退避三舍，在埋头赶路时，不可忘却还需经常仰望星空。

中国传统教育思想，特别是儒家主张：用教育来改变和优化人心，通过改善人心，来改善人的命运，最终改造改善社会。如何坚定大学理想、寻回迷失的信仰，构建积极向上的心灵家园，是当今大学回归本真的重大现实课题。作为高智商群体，大学师生在处理人生态度、公私利害、行为风尚等问题时，更应自觉将共同理想融入个体价值追求之中，国强我荣，教兴我荣。这也必然要求师生恪守大学宗旨和使命，不懈探索"教"和"学"、"成人"和"成才"的规律；推行学思结合、知行统一、启迪智慧、崇尚悟道的人才培养方略；形成并体验追求真理之风、追求卓越之风、追求人生和谐完美之风。而这些理想的追求，都离不开正确的人生观、价值观、荣辱观的引领。作为中国大学的师生，最应该是社会主义核心价值体系的带头传播者和践行者，这是"立心"之魂。价值观选择出了问题，难保人生发展轨迹不出现问题，最常见也是最可怕的就是置理想信念于脑后，走上自我迷失之路，这样的沉痛教训在当今的大学也不乏其例。据报载，2010年南京查获一起大学生传销案，有23所高校的834名在校学生涉案；今年又有"陕西榆林学院失联女大学生在河北身陷传销"，一个传销团伙揪出6个大学生"老总"。这些大学生将青春殉葬于传销"鼠窝"，实在令人惋惜。这与他们的价值观选择出现问题直接相关。奉行正确价值观，能使大学师生更具使命感和正义感，能使大家在思想和价值多元化的现实面前不左右摇摆、误入歧途，能在国家和民族赋予的时代责任中有更多更好的担当。

三、大学之"大"在于大学精神之伟大

没有远大理想的支撑，大学将无法拥有精神中心；同样，没有伟大精神的支持，大学理想与实践就会断裂。关于大学精神的表述有很多：崇尚科学，百折不回；独立之人格，自由之思想；淡泊名利，甘为人梯；事不避难，义不逃责；卓尔不群，敢为人先；锲而不舍，自强不息；守正开新，常勤精进；迎难而上，挑战权威；不唯上、不唯书、不唯洋；不信邪恶、不随波逐流、不同流合污；等等。大学聚散和倡导的这些精神，已足可竖起大拇指，令世人钦佩。若将大学使命、大学理想、大学正义等汇合起来考察，大学精神之伟大，更是无可争辩的，绝对不失为人类社会精神之灯塔，是国家和民族精神汇聚、传承、发展、开新、引领之高地。大学在坚守自身精神家园的同时，理应保持那种敏锐的批判思维，或是理性反思的姿态。大学除了共同拥有和信奉的崇高精神外，不同类型不同层面的大学还会凝练成有各自风格特征的大学精神，校训就是一种具体体现。大学人既创造自身的大学精神，又被这种精神所感染、所改变。大学在为学生传授专业知识的同时，更应注重教给学生两样东西，一是思悟力，即思想感悟能力；二是精气神，即精神气节特质。现代大学如果不能让受教育者精神更加卓越，心智趋于成熟，灵魂走向高贵，那真就没有必要继续办下去了。

从世界范围和大学发展逻辑观察，大学精神定然是不朽的，人们用不着担心大学精神会腐变和沉沦，只会随着岁月的砥砺和文明的进步而不断发展完美，更加熠熠生辉。但对个体大学和大学个体人来说，就不一定了，在那

些个体那里，大学精神被式微、被玷污、被扭曲、被抛却的危险会随时存在，而这些个体也免不了会被淘汰和遭遇唾弃。欲想有成就的大学者，对科学真理锲而不舍的追求精神，不只是口头上的，而是渗透到自己的思想中和日常生活中的。尤其做基础研究或理论原创的学人，如果没有一种不屈不挠、如痴如醉的精神境界，就不会出大成果，成不了大科学家和大学问家。当代中国，为什么很难出国际大师级科学家？一个重要原因就是太按捺不住急功近利的欲望，吃不得苦，耐不住寂寞，不懂得或做不到"久久为功"。独立思考，不迷信权威，不随风乱舞，是学人的核心品性，它来自于虚心学习和大胆质疑，批判性阅读和思维，来自于发现问题、分析问题和解决问题。这里所说的发现问题，也包括在实践探索中自己所选择的科研方向问题，是不是有科学价值，是不是有前途美景。如果不是，如果是死胡同，那也不应再钻牛角尖，要及时转变研究方向，另择更好更合适自身的研究领域。人才学告诉我们：成功与努力有关，成功也与选对方向有关。努力是一种刻苦精神，选择是眼光和本领，也是一种科学精神。徒劳无功最心痛，劳而功成最幸福。这些在当今中国的大学，表面上看是学生没达到，实际上是很多教师没能达到应有的境界。口是心非，得过且过，方向不明，投机取巧，慵懒倦怠，精神萎靡等是其大敌。

大学精神与民族精神必然是互相激荡和同构发展的。在改革创新精神越来越成为中华民族和国家发展主旋律的今天，我们的大学更应冲破阻力、克服保守僵化，再次站在改革潮头，弘扬创新精神，成为时代先锋，在全面深化综合改革的同时，为经济社会改革发展献智助力。今天谈大学改革，应从两方面梳理：问题的改革和改革的问题。有问题才要改革，找准问题改革才有目标方向。当前大学改革存在的最大问题是：悬浮不落地。有的陷入空谈、玄谈、混谈之困局。改革悬浮导致提质乏力。这是不争的事实。大学改革实际是两条线，体制改革和教学改革（培养模式改革）。谁先谁后？很难划分，应从实际出发互动互促互为印证。体制改革是为了激发办学活力，解放教育生产力，增强创新创造力，是为提高教育质量服务的，而不是为改而改的。体制改革最终都应落实到促进教学创新、提高教育教学质量这个核心上，落实到让大多数学生享受改革红利、得益受惠上。现在大学改革有两个怪现象值得关注，一是全面实施素质教育这个"战略主题"被边缘化，"通识教育"舶来品还在某些大学掩盖、冲淡、冲击素质教育的实施；二是改革天天喊得震天价响，但大多数教师还在做看客、插不上手，没有或未能参与其中。大学或高教改革应层层分解任务，让不同岗位、不同层面的所有人都有改革作业，担当改革任务。没有教学改革、育人模式创新，人才培养质量大提升是幻想；没有大多数教师的觉醒和参与，教育教学改革永远是空中楼阁。搞好大学改革分层设计，提振大学人的改革欲望与能力，是时代的呼唤。

时至今日，如果还在继续高唱大学应远离社会、远离政治、远离现实的老调，那是不应该也是不可能的。大学改革发展的逻辑告诉我们，已经或正在走进社会中心的大学，最应认真思考和解决好这样的一些问题：如何既融入社会了解世道人心又淡定理智、保持相对的独立性和自主性；如何既能获得社会更多经费物质支持又不受制于各种利益集团，不被世俗浮誉腐蚀和低级趣味同化；如何既为经济社会发展提供强劲科技支持，又为社会文明提供精神动力和理性引领。能否守住和弘扬大学精神，是对大学人意志的考验。私欲膨胀是心灵迷失的直接原因。一个人如果在名利、金钱、物欲、情色的诱惑中把握不住自己，精神懈怠甚至颓废，是迟早的事。有的教授走上领导岗位后，陷入权钱名利怪圈而不能自拔，走上了违纪违法犯罪之路。屡闻有大学领导倒在基建、招生等权力腐败上，近来又有多起国家重大项目带头人侵吞科研经费案，可谓触目惊心。一个人的精神境界热度，决定其学业事业的高度。防止大学精神失守，提振大学精气神，始终应该是现代大学治理的重要关切。

四、大学之"大"在于大学胸怀之阔大

经天纬地，中外古今，人心物象，风云际会，有容乃大。远大理想能否实现、伟大精神能否展示，还要看有没有宽阔大气度的胸怀相匹配。汇人类历史与现实问题之研究，容天下能容和可容之思想，大学是知识的海洋，是各种思想交流交锋交汇之地。从自然科学到社会科学全覆盖，从物质世界到精神世界探究全方位，囊括政治、经济、社会、外交、语言、文学、艺术、哲学、法学、宗教等等，万虑千思，应有尽有。大抱负、大胸怀才有大气场、大成就。古人说：君子和而不同，小人同而不和。无数事实证明，大学因"和而不同"而发展壮大，异彩纷呈。和而不同则兴，同而不和则废。大学的大胸怀是通过大学人群体来实现的。胸襟壮阔，大情大理，大度大气，虚怀若谷，尊贤容众，包容彼此之不同，欣赏个性多样之精彩，是大学人最需要彰显的特质。当年北京大学老校长蔡元培倡导的"思想自由，兼容并包"办学理念，广为传颂。如今，"崇尚自由、张扬个性"已成为不少大学的追求。一个组织、一个人只有发达个性，才会有创造的动力和能力；同样，只有允许不同个性同生共荣，才能体现包容大度。在大学老一辈著名学者中不乏这样的例子：虽然由于个性各异，研究领域和方法视角不同，学术批评和争鸣不断，不同学者不同学派间互不相让，甚至不惜为某种学术观点而红脸反目；但冷静后又会对对方独到的见解、执著的精神暗里明里表示佩服，在生活中，双方仍是好邻居、好同事，有的还是诤友挚友。如今的大学教育，太过强调统一规格，一个模式制"器"，因材施教、多样性不足，个性特长难发达，创造力受压抑，这种几近僵化的人才培养模式还在不少大学大行其道，广受诟病。

当然，张扬个性、独立人格，也不是一味提倡孤僻排他，包容合群也非盲目从众随风，学会各擅其美，互赏各美，既独立自信又善包容合作，才是

最可贵也是最难的。西安有所大学，前任书记和校长都从外校选派而来，而且两人原是某著名大学的同班同学，应该能同心同德默契合作了吧！然而，两人嘴上说的都是胸襟壮怀，腹内装的却是小肚鸡肠，互不服气，彼此不相容，为大事小事争斗不断，抬杠死掐，全然不顾大局，搞得鸡飞狗跳，严重影响学校发展，组织上出面警告调和也不听，最后被双双调离，免职降级，后悔莫及。我们还能听到看到，不少大学校友走向社会创业办公司，遇到的最大的困惑往往不是技术，也不是缺资金，而是创建一个同甘共苦、和衷共济的团队。这些活生生的例据告诫我们，胸怀宽广、有大情怀的大学，理应在张扬个性的同时，更自觉地培育讲恕道、和为贵，有包容心、会欣赏别人的可贵品格。有人说，上个世纪拼智商，这个世纪拼情商。这并不是说智商不重要了，而是说让更容易被忽视的情商得到彰显，会有出乎意料的收获。情商很重要的就是指善于包容合作，将心比心，友爱互惠，让合作各方心情舒畅地建功立业，让服务对象满意顺心。当然，大学的包容也是有前提和原则的，不允许违背良心造谣中伤、恶意攻击，损害别人的名誉。当一邹姓外籍华人在网上发布信息，说北大院长教授都是色鬼"淫棍"时，北大就立刻作出反应，认为没有真凭实据，这是对北大教授的恶意中伤，有损北大声誉，拿起了法律的武器，与邹氏打起了官司，以维护北大在公众中的形象。近来，网上胡言乱语、造谣惑众诈骗犯罪也时有所闻，有的就是在校大学生，这很需要反思。

五、大学之"大"在于大学文化之博大

大学本质上是一个实施大教育的文化组织，既是人类文明的产物，又是文化文明的摇篮。大学如何办、办到何等程度，体现着一个国家的文明程度，著名大学就是国家或地域的重要文化名片和文明标志。整体上看，大学

学科专业覆盖人类社会事务各个领域，是人类一切文化文明的集散地。世界各国著名大学的学科带头人、大牌教授几乎都是本领域的思想理论或科技创新的先锋翘楚和执牛耳者。所有大学之间，育人文化互鉴交融、泽人心田；科技文化辐射社会、造福人类；思想文化澄净理性、养德润智；国际交流文化沟通亲和，互相取同存异，爱其所同，敬其所异。这四个方面的文化，都具有高端性，由此勾勒出的就是大学文化的四道亮丽风景线。以高端文化育化人，以科学精神和人文精神滋养人，本是大学教育的优势和高明所在，但现在有些大学要么对大学文化建设和研究自觉性不够，甚至罔顾其存在，不善整合和利用得天独厚的大文化资源治校办学育人；要么对大学文化理解狭隘，总是跳不出浅层面的"校园文化"这个框，有的一边组织学生搞文艺演出，一边有学生搞不文明举动，很不协调，所以教育效果有限。现在很多大学热衷于培养"拔尖创新人才"，听起来很美，把社会的胃口吊得老高，实际上培养方案设计是不完善的、甚至是偏颇的、挂一漏万的，只为极少数专业尖子设计的，让大多数学生成了陪绑陪衬。人生在世，实际上就是做人和做事的历程。所以，有学者主张，不妨将人才的"人"与"才"分开来考察，得出的结论是：育"人"重于育"才"，不学会做人难成大才。更有大学教授非常中肯地指出："中国教育的首要问题还不是如何培养拔尖创新人才、杰出人才，而是如何培养真正的'人'"。严格地说，真正意义上的"拔尖创新人才"在大学阶段是谈不上的，本科生不消说，硕士生也难，博士生也罕见。好大学、好老师及好的培养方案最要紧的就是要通过文化整合，以科学和人文相融的教育，能让学生睁开眼睛看世界，能拨动心弦悟性善思考；能在善察善思中孕育创新的胚胎，集聚创造的能量。有了这样的全面训练，走上工作岗位后，一旦社会有大需求大机缘，就会出大成果成大事业，自然而然就是杰出和拔尖人才了。大学阶段能培养的顶多只是杰出人才的苗子或毛胚，喊口号喊不出杰出人才，只是专业知识学习拔尖也远远不够，只有高人格才会成就高人才，成人与成才需要和谐统一。人们还在热议复旦大学研究生投毒案，因一己泄愤邪念，心理扭曲，毒死自己的同学，叫人痛心不已。一个没有人文情怀、伤失人性人格的人，无异于行尸走肉，岂能有美好的未来？

高人格如何养成？人文化成非常重要。早在 21 世纪初，高等教育专家周远清教授就指出：大学素质教育要关注三个问题，即如何提升大学的文化品位、大学教师的文化素养、大学生的文化素质。凡有志于此的大学，均能从中受益。文化的力量在于能潜移默化地聚神凝心导行，其影响力具有渗透性和可持续性。大学文化建设的着眼点在于凝聚先进文化特有的精神价值。换句话说，大学文化生态积淀的焦点是大学精神和博雅性格。大学精神和大学群体高雅人格养成，就是大学文化建设最重要最有价值的成果。科学会告诉你什么是真理，哲学会让你走出思辨迷宫望见星空，历史让你知道连接和所处的方位，文学使看不见的东西被看见。简言之，人文让你懂得做人目的和价值。这些由哲人智者概括的至理名言，也足以让我们深刻认识到以文化人的意义所在。

大学文化建设当然需要积淀，但也会流变，又可互鉴。历史较长的大学文化积淀深厚，有明显优势，为人所钦羡。但如果太过囿于自己的文化传统，沾沾自喜于自己的小天地，固步自封，甚至沉睡，自生自灭，也可能成为束缚自身手脚的障碍。传统文化往往有先进与落后之别，先进文化不张扬创新，落后文化不及时扬弃更新，或原来先进的但后来变成落后了也视而不见，那么沉积越厚就越有可能变成累赘，不知不觉中成为一个恋旧保守的组织，当历史需要变革时，还在抱残守缺吃老本，变革就可能迟迟到不来，留下遗憾。历史相对较短的大学，文化积淀虽然暂时不厚重，但他们也往往少有保守思想，轻装上阵，紧迫感强，可以把世界上老大学的先进思想理念和有用的文化资源拿过来，通过借鉴消化吸收，善于变成自己的东西，再结合自身实践探索，就可高起点较快地构筑起特色文化平台。美国大学的崛起，就是借鉴德国和英国等当时世界上最先进的大学思想理念，实现自我创新，形成其大学文化传统和精神品格的，进而影响和引领世界大学的发展。我国也已可见后来居上的大学。

我们当然要向外国先进大学文化学习，也确有许多很值得借鉴。但千万别来一个"痴迷域外月，反失掌中珠"。要知道，在中华传统教育文化、育人理念中，有好多非常智慧、高明宝贵的东西，譬如主张：传道、授业、解惑；明德、亲民、至善；博学、审问、慎思、明辨、笃行；持志养气、长善救失；教学相长、存心养性；等等。再譬如，改革开放以来我国自行探索、独创的"素质教育思想"。传承和发掘好、特别是践行和发展好这些自己的思想文化，既是我们的责任，也是我们的重要依托。自我封闭、拒绝讨教于外要不得；妄自菲薄、舍近求远同样不足取！

六、大学之"大"在于大学学问之弘大

与大学胸怀阔大、文化博大紧密相关，大学的学问同样弘大广深。借用王羲之《兰亭集序》的话，真可谓"仰观宇宙之大，俯察品类之盛"。大学教师们在各自不同的学科专业领域，讲课讲学，传播知识技能和思想文化精神；同时潜心学问研究，发表论文、著书立说，既研究过去，更研究现实，也探究未来。大学汇聚的学术学问，广而无边，深不可测。有的大学教授，或精于某一学科专业的学术研究，或能触类旁通在两门甚至多门学科领域有建树。大学里睿智的高级知识分子云集、大师傲立，所有大学教师尤其教授汇聚的学问，形成学问的高地，是人类智慧的象征。我们无需杞人忧天地担心大学学问能否经久不衰，生生不息、升腾向前、不断攀登人类智慧的高峰，这是总规律大趋势。东方不亮西方亮，东西方相得益彰，都是可能的。但对希冀

学问学术发展得更快更好更高的一国、一校及个人来说，还是要关注调整好政策、方略和心态的，不要出现"长江后浪推前浪，前浪死在沙滩上"。

做学问就是要发现和解答问题，否则毫无学术生命可言。一个脱离社会现实问题、不识世道人心、不食人间烟火的群体，不但培养不出社会需要的人才，也不可能创造出推动经济社会发展的新科技、新思想。面对日趋激烈的国别竞争和校际竞争，我国的大学不能不将"面向问题、面向需求、面向前沿"作为开展学术研究的重要指导原则；不能不认真思索如何弘扬优良传统学风，克服不端文风，如何不断增强科技和思想理论创新能力，提升社会服务水平、参与新型智库建设等问题。一段时间以来，关于"学术资本主义"优劣的争鸣不断。无论如何，不管什么主义，如果将大学的学术自由、理性批判、相对独立自主的原则精神冲击甚至泯灭了，如果学术完全被金钱利益绑架了，拜金主义盛行，那就需要引起警惕。还有一个问题需要特别提出来，什么是大学教师的学术学问？清华大学前校长顾秉林院士曾认为，教学是大学教师的第一学术。这不失为教育行家之高见。教学，或教书育人是一门很大的学问。科学开设课程、编写高水品教材讲义、探索育人规律和艺术，难道不是科研、不是学问？有不少大学就是不承认教师的教研论文是科研成果，认为这是雕虫小技，微不足道，这太令人遗憾了！大学人做学问，本质上应是超越功利主义的，要有"不为五斗米折腰"的情怀。近来，社会上在流传，大学教师中存在着可怕的"四跑一荒"问题：即跑钱、跑官、跑项目、跑奖励，荒废学术（尤其教学学术）。对此更需检讨的是管理和政策导向存在严重缺陷，一味地指责教师有失公平。我们的研究生教育也很令人忧虑，很多考研者从一开始就动机不纯，或心理失调，本来应以学术为主要取向的研究生只作"稻粱谋"，甚至博士生中"混出身"的也不在少数，读研无非为了混个高学历高学位或名校毕业身份，便于谋得一份体面的职业，至于是否有真才实学、是否潜心于学问学术研究则无关紧要。这也可能带来大学学术优秀人才后继乏人之虞。无独有偶，国内一些著名大学和商学院办的 EMBA 也已变味，不仅学费奇高，最贵的一年要 60 余万元，但极少自掏腰包，很多党政机关和国企高管要么有人帮支付，要么违规报销；而且学习目的和实效很水，不是为了提升学历往脸上贴金，就是为了建立更多政界商界人脉关系，混大私人圈子。随着反腐败的深入，也由于组织和教育部门相关禁令的出台，已出现一股官员 EMBA 退学潮。我们的大学也应该顺势反思一下办学太过功利主义的危害，维护学术尊严的意义。

大学还应自我反思，为什么学问体量之大几乎无人能比，而向社会发声却是微弱？老子说"大音希（稀）声"。说的是发声不在多，在于精到，在于惊世骇俗。噪声多了更扰人，但也不是失声，总是无声禁声，无异于死了。我们欣赏不鸣则已，一鸣惊人。即使不能惊人，至少也得有涟漪。否则哪里还谈得上对社会的回报和贡献！在大学发展史上，学问"因其无用而有大用"的先例的确有，今后也会有；但学人自身总是将此话挂在嘴边，以此作为学术平庸、无病呻吟的挡箭牌，作为无休止地炮制"学术垃圾"的借口和遮羞布，不免有点悲哀了。作为学人，不应总是抱怨这个社会不懂学术、不重视学问，而是应该扪心自问：社会需要什么样的学问，你能提供什么样的咨询服务，你的学问中有没有能回答和解决社会各种困惑的思想和办法。没有人会因为你有秘而不宣的学术思想而记住你，也没有人因为大学教授闭门造车、自圆自说、孤芳自赏的空洞学问而真心崇敬你。大学应鼓励学人们积极凝练具有现实或历史意义的精深管用的学术思想，向社会发声，建言献策，以具有穿透力和冲击力的思想光芒，去影响和引领社会。

七、大学之"大"在于大学师爱之恒大

师爱圣洁，师爱是金，师爱永辉。爱是为师纯然的底色。没有爱就没有

教育。爱心淡出就愧为人师。仁者安仁，仁师爱生，爱心恒守，大爱无疆，是大学教师须臾都不可丢失的良知良心。只有热爱岗位，热爱学生，热爱一切美好事物，才能成为广受学生爱戴、社会点赞的优秀大学教师。怀着爱施教的老师，自己阳光，学生舒心。这不是在唱烦人的高调，不思量，自难忘，师爱应成为教师刻骨铭心、流淌在血液中、渗透在生活中、体现在教书育人实践中的一股久久暖流和力量，温暖学生心灵，开启学生成人成才成功的美好愿望。师爱应把人性和人文关怀放在更加突出的位置，使学生成为人性美、人格美、人生美、有尊严的人。大学生来自五湖四海，家庭背景、学习状况很不一样，性格脾气、兴趣爱好、特点擅长等也会有很大差别，老师应该一视同仁都给予真诚的人性关爱，不可以厚此薄彼，要在爱严相济中既保护和发展好每个学生的个性特长，又引导教育他们克服明显的不足。老师不应慢待任何一个自己的学生，不可以只凭自己的好恶把学生分为亲疏，对不讨自己喜欢、学习差些的就冷淡疏远，甚至讽刺挖苦。对所谓的"问题学生"更要做好转化工作，没有不可教育好的学生，只有不善致爱施教的老师。人文是养成健全人格的基础，人文关怀是师爱的高级层面。在互联网等现代技术普遍应用的时代，大学教育更应将重点转移到人文化成和传道悟道上来，更加关心学生健全人格的养成，拥有正确的荣辱观、是非观。作为大学教师，应时刻想想"为谁而生存"的问题，教师因有学生而存续，让学生在有格调、充满人文关爱的气氛中发展好了、成人成才了，老师的重要价值就体现其中了。无论是教师还是学生，对人格的起码要求就是人格底线。言论有底线，说有根据的话，不说假话胡话；干事有底线，做有益有意义的事，不干损人利己无原则的事；做人有底线，做有爱心善心有正义感的人，不做昧着良心、私欲熏心和有野心黑心的人。

爱的教育还是生命的教育。现在有的年轻大学生的人性脆弱得很，为情感、为学习压力大、甚至为一句刺激性的话等莫名其妙的理由，就走上了轻生之路，给他人特别是家庭带来莫大的伤害。教师的爱，既要对自身人生有体悟、有提升、有期许，又要给每个学生的生命有充分的尊重和更好的成全，引导学生珍惜生命，热爱生活。洒向学生全是爱，有爱的日子最美好，以爱换爱最珍贵。过去一批批大学教授自己或许默默承受着某种委屈，在学生面前仍然无私地在各种场合释放师爱，以学生出人头地为荣，不是父母，胜似父母。现如今有不少大学的教授匆匆赶到新校区给大班学生讲课，上完课又急忙夹着包走人，学生与教授连当面说话的机会都没有。还有个别中青年教师唉叹："要我爱学生，谁来爱我！"也有的大学教师（主要是研究生导师）有意无意把师生关系功利化、庸俗化了，教授成了"老板"，学生成了打工仔，有的师生成了爷们哥们姐们的关系。这些现象说明了什么？说明了当今大学的师生关系出现了"两极分化"，很多老师与大多数学生的亲切感在下降，而个别老师与极少数自己喜欢的学生（尤其异性）的亲密度却在升温，甚至越过道德底线！……这不，如何留住爱、留住师生纯真情谊，如何让大爱精神发扬光大，让爱的教育始终成为大学教育永恒的主题，这给大学管理者和教师都留下了新的作业。

八、大学之"大"在于大学声望之高大

大学声望或形象之高大，还可以从大学地位越来越重要和大学人拥有"正心笃志、崇德弘毅"等崇高的思想品格来考察。有学者认为，大学是政府以外的社会领袖。我想，大学至少应该可以成为思想文化领袖和精神道德的领袖。大学里聚集着一大批知识精英，除了在校师生外，还有一大批校友活跃在社会政界和各行各业，他们大多以自己有大学学历、特别是出师于名牌大学而荣耀。随着知识化、现代化深入发展，大学已逐步从社会边缘走进社会中心。随着社会文明进步，高等教育逐步大众化、普及化，越来越多的

年轻人将先走进大学培养再步入社会，不接受大学教育将越来越成为人生一大遗憾；大学的科学技术成果和思想文化成果等也将为社会带来越来越大的作用。大学的社会地位之重要和形象之高大，也将与日俱增。信息化等现代科技的应用，会使大学传播和获取知识的方式等发生改变，但机器和技术无法代替大学师生面对面交流发达心智、健全人格等特有功能，身教重于言教更谈不上。何况用于高等教育的技术和机器也离不开大学来开发。社会越进步、越开发智力、人类越走向文明，离开了实施高等教育的大学，越是不可想象的。当然，作为个体的大学，如果不能与时俱进，不珍惜名声信誉，也有随时倒闭的危险。

现代大学之所以在公众心目中有很高的声望，更在于拥有一批品格高尚、学识渊博、声誉鹊起、形象高大的大学问家、科学家和教育家，以及由他们带头示范培育和倡导的高贵道德情操为全社会所敬仰。师爱无疑是教师特有的美德，但大学人、特别是教授的道德品格不止于师爱，还在于不可或缺的人格魅力和学识魅力，既是经师又是人师。那些后来成为国家元首、业界领袖的校友，见了恩师仍会肃然起敬。有教授才有大学，教授才是支撑大学的天。有舆论在抨击"教授抢官帽"，自有其道理和利弊。但我们也发现"官员争戴教授帽"，喜欢在大学兼硕导、博导之类，以显摆官员儒雅、有学问、面子亮、身价高，迎合公众对大学教授崇敬的心理，实该认真清理。大学教授更应该珍惜自己的声誉，深切体悟"学为人师，行为世范"的分量，始终如一地以高洁的品行、高雅的格调、高深的学问、高明的教学艺术，执著于立德树人，传道授业。有好德行的先生，才能教出德性好的学生。欲"立人德"，先"立己德"。《左传》有言："太上立德，其次立功，其次立言"。受人尊敬的大学教授应具备超凡的力量。没有学识的道德力量会是软弱的，没有道德的学识力量会是邪恶的。在改革开放和市场经济大潮滚滚而来的当下，在伦理道德和善恶判断充满矛盾冲突面前，大学教师最可贵之处，在于处变不惊，该变顺变，该创则创，该守则守；更加注重自身的道德修养，远离小气、俗气、浊气、邪气，修炼大气、新气、清气、正气。如果在诚信、真伪、正邪、美丑、爱憎判断上出现偏差，就可能迷途不知返，是担当不起立德树人等重任的。为师和做学问，尤其要对"诚信"二字心存敬畏。心至诚，行光华。诚实守信，既是师德的起码要求，更是当下弘扬社会美德的硬标杆。一个本身不讲诚信、私欲膨胀、道德败坏、言行偏执猥琐的人，即使出再多的所谓学术成果，也没有资格站在大学的讲坛上，不配称教授和教师。为什么公众对有的大学教师学术创新不力还能容忍和等待，而对个别学人科研弄虚作假、抄袭剽窃恨之入骨、咬牙切齿，力主零容忍，就是因为它冒犯了守诚有信求真的道德底线，越出了红线。更可怕是，现如今还出现疯狂的"论文买卖"丑闻。有报告指出，中国的论文买卖交易已达 10 亿元规模。花钱买论文的用途除了评职称外，也延伸到大学的本硕博学生毕业考评中。这种诈骗伎俩，对学术诚信危害更大、杀伤力更强，无论买方卖方，都是十分可耻、可悲的行径。连为人师表、最受公众信任的大学教师及在学硕士生、博士生都可以不讲诚信了，人心何堪，教授形象何在、大学形象何在？良心正义何在？！这个学术害群之马的罪名真的背不起、背不得！教育部近日首次对高校师德行为禁行划出"红七条"，体现了对人才爱护与约束并重、激励与劝诫兼施的精神，很必要而且及时。大学教师和大学生，人称知识分子，仅仅知"识"还不够，还应知"德"、知"道"，同时做"知德分子"和"知道分子"。

与大学之"八大"相对应，高等学校之"高"，也有"八高"，在于高校使命之高尚，志向之高远，精神之高伟，心胸之高阔，文明之高地，学问之高深，师德之高贵，期望之高亮。

改变不能适应的，适应不能改变的。大学的这"八大"及高校的"八高"，较大程度上反映的就是大学之道或大学正义。重大、伟大、高贵、高深……每个关键词都是崇高和圣洁的，玷污和亵渎了都会是一种罪过。别认为有些原则理念感觉似曾相识，算不得全新，问题是：你用了吗？做到了吗？很多合规律的常识，其实就是真理和正义，没有新旧先后之分。只要会用，能遵循去做，真心实践之，事事处处就会是新的。这就是：闻道容易悟道难，行道得道尤其难！同理，正义好说而守之行之也绝非轻松事。如今有些大学，的确存在很多不适应大学之道的言行，亟待改善和变革；也存在一些万万不可背信弃义的理想和律则，必须坚决遵守和更好实践。先要"尊"，才会"守"，再有行。遵道行义方可功德满誉。

（原载《中国高教研究》2015 年第 1 期；《红旗文摘》2015 年第 3 期转载）

大学之大与大学之道

近一时期以来，社会舆论常有如今的大学是否存在"导向偏颇""使命错位""道德光环不再"等质疑声。用包容的心态看，尽管这些警示性言论有的失之偏激，但对高教界更深入思考大学何为、如何立足中国大地办好中国的大学等基本问题，也是一种督促。鉴于此，我想不妨通过对何谓大学之"大"的多重梳理，让我们进一步感知感悟大学之道和大学正义。纵观已有的理论与实践探索，我将大学之"大"理出"八个大"，即大学之"大"在于大学使命之重大、大学理想之远大、大学精神之伟大、大学胸怀之阔大、大学文化之博大、大学学问之弘大、大学师爱之恒大、大学声望之高大。下面分别予以概要阐述：

感悟大学使命之重大——初心不改 本性莫移

大学使命和责任担当是否重大或崇高，不是大学选尽华丽辞藻自我标榜、自封自吹的，而是历史赋予、社会倚重、人心仰仗和大学承命扛责、知道行道、贡献奉献得来的。大家知道，国际上原先比较认同的大学使命，首先是保存和传授知识，再是发现和创造新知识。如今有不少发达国家的大学都将教育目标定位于"培养合格公民"和"培养人力资本"上，平实质朴中体现着社会大担当。在中国，党和国家更是赋予大学培养各级各类建设事业"接班人"的重任，这是何等神圣而崇高，何况人们普遍认可当今大学还要担负科学研究、服务社会、传承和创新文化等职能。承担好这当中的每一项任务，都堪称高尚而荣耀，都将得到社会尊敬。然而，大学多项职能的地位和作用也不应是主从不分、相提并论的。古人说：本立而道生。立本错乱，兴道必偏。联想到今天的大学，就是要明白一个道理：大学毕竟是实施高等教育的机构，大学越是职能多样化，越要坚守大学的正道：立德树人，育人为本。不管大学的内涵和职能怎么变化，这一本性始终未变，也绝不能变。育人是天，教学为大。在为国家和民族振兴培养可靠接班人和高素质建设者的过程中，使各类优秀人才辈出，使各项事业的后继者更优更强，成为能够更好传承和促进人类文明的人，就是大学对国家和社会的重大贡献，也是大学的最高荣誉。这也必然要求教学或育人的功能应始终放在大学工作的首位，如果颠倒或动摇育人的首要核心地位，大学生存发展的内在逻辑秩序都会乱套，就会使大学误入歧途。

这里，最需要关切的是把准教学与科研的关系。不教学就不是教师，不科研难成好教师。教而不研难逃平庸，研而不教也会虚空。强化科研学术，引导教师勇攀科研高峰，也为大学提高发展能力和质量水平所必须。没有科研的高度，大学教学质量的高度也上不去，适应和回报社会强烈需求的能力也很难提升。常有人批评大学"重科研轻教学"偏向，这不可一概而论。应该说，教师重科研并无过错，能把心思凝聚在做真学问和创造新知识上，能在科研和学术上拔尖，是件非常难得和值得骄傲的事。但是，身为大学教师，务必始终铭记还有一件顶顶重要的事体，即教书育人。"悠悠万事，唯此为大"。如果置教书育人于脑后，不肯在培养什么人、怎样培养人的问题上花心思，就会师将不师，校将不校！或许出于快速提升科研水平的迫切心情，有些大学和学者激进忘本，偏执一端，高喊"大学因学术而生"，大学要以学术为本、学术至上，一切要为学术和学科建设让路，一切都要围着学术和学科转。出发点不能说不好，问题是要将教学往哪儿挤。这些似是而非的理念，很可能瞒天过海地用"学术为本"或"学科为本"替换"育人为本"或"学生为本"。一些行政管理部门的考核评价和功利性极强的大学排行榜，也把论文发表数量当成了最核心指标。正是这些粗暴的论文数量和刊物影响因子崇拜导向，逼迫大学教师，包括少数学科带头人将育人主业当成了副业，甚至可以目中无人（学生），学科发展注重按如何多发论文和多获各种科研奖项设计，而不是首先从立德树人所需考虑。我认为，无论出于何种考虑，无论是学校还是教师，一旦将科研、论文当成压倒一切的最高目的、最高和全部追求，而对以学生和教学为中心置若罔闻，便是对大学之道的滥用和戕害。初心不改，本性莫移。我们的大学对存在本性迷失的危险，再也不能集体无意识了，尤其是在人才培养质量提升乏力，成为大学普遍"痛点"的今天。

感悟大学理想之远大——宏愿在胸　行者常至

　　理想是什么？理想是对组织和事业未来的合理构想和期望；远大理想则是具有崇高意义、值得为之梦寐以求、不懈奋斗的至理至伟的愿景。"为天地立心，为生民立命，为往圣继绝学，为万世开太平。"这是我国先贤为大学教育垂示的理想宏愿，气概不凡，意境幽远，很是深奥精妙，堪称大学理想主义的范导。学人怀大志则达，天下兼贵和则福。理想信念是人生航程的灯塔，是不辞辛劳拼搏前行的力量源泉。很多在海外学有所成的学者，就是抱着"胸怀天下，情系桑梓，智力为民"的信念回来从教的。现代大学和大学人更应心系国家富强、民族振兴、民生改善；肩负历史责任，促进世界和谐、人类文明；志存高远、发愤图强，善于筑梦、追梦、圆梦。

　　大学尤其要有真理高于一切的信念，大学人更应信奉崇真向美、彰善瘅恶、讲格修睦，为国家乃至人类开太平谋福祉释放正能量。哈佛大学的校训就是"真理"（Veritas），倡导师生与真理为友、相依为命。如果没有理想的照耀、失却真理和正义引领，大学有可能培养出虽有相当知识技能但胸无大志、苟且偷安的市侩小人，或是机智诡巧"精致的利己主义者"，或是不择手段"野心勃勃的投机主义者"。大学的教师和学生都会被划归到某个专业和学科，学习和研究相应专业的知识和技能，这就是从业和从学。但现代大学教育的目的不能卑微到只是单纯传授那些固有的专业知识上，忘了"立心"和"立命"，使能力与理想脱节。为者常成，行者常至。在实用主义或现实主义大行其道的当下，我们的大学不应完全让理想主义退避三舍，在埋头赶路时，不可忘却还需经常仰望星空。作为高智商群体，大学师生在处理人生态度、公私利害、行为风尚等问题时，更应自觉将人类共同理想融入个体价值追求之中，不失"先天下之忧而忧，后天下之乐而乐"的中华知识精英本色。这也必然要求师生恪守大学宗旨和使命，不懈探索"教"和"学"、"成人"和"成才"的规律；形成并体验追求信仰真理之风、追求梦想成真之风、追求人生和谐尚美之风。而这些理想的追求，都离不开正确的世界观、人生观、价值观的引领。作为中国大学的师生，最应该是社会主义核心价值体系的带头传播者和践行者，这是"立心"之魂。没有成熟的价值观判断，难保人生发展轨迹不出现差池，最常见也是最可怕的就是置理想信念及价值选择于脑后，走上自我迷失之路，这样的沉痛教训在当今的大学已不乏其例，令人痛心不已。

感悟大学精神之伟大——持志养气　切忌萎靡

没有远大理想来仰仗，大学将无法拥有精神中心；同样，没有伟大精神作支撑，大学理想与实践就会断裂。展现大学共同精神的表述有很多：崇尚科学，鞠躬尽瘁；淡泊名利，甘为人梯；坚忍不拔，自强不息；守正开新，常勤精进；独立之人格，自由之思想；迎难而上，挑战权威，不唯上、不唯书、不唯洋，不信邪恶、不随波逐流、不同流合污；等等。大学汇聚和倡导的这些精神，已足可竖起大拇指，令世人钦佩。若将大学使命、大学理想、大学正义等汇合起来考察，大学精神之伟大，更是无可争辩的，绝对不失为人类社会精神之灯塔，是国家和民族精神汇聚、传承、发展、开新、引领之高地。大学在坚守自身精神家园的同时，理应保持那种敏锐的建设性批判思维，或是理性反思的姿态，不断砥砺精神气节。大学教师在为学生传授专业知识的同时，更应注重教给学生两样东西，一是思悟力，二是精气神。现代大学如果不能让受教育者精神更加高贵，心智趋于成熟，灵魂更加纯洁，格调通往卓然，那真就该深刻反省了。

欲想有成就的大学者，对科学真理锲而不舍的追求精神，不只是口头上的，而是渗透到自己的潜意识和日常生活行为中的。尤其做基础研究或理论原创的学人，如果没有一种呕心沥血、孜孜以求的精神境界，就不会出大成果，成不了大科学家和大学问家。当代中国，为什么很难出国际大师级科学家？一个重要原因就是太按捺不住急功近利的欲望，吃不得苦，耐不住寂寞，舍不得付出耐性，不懂得或做不到"久久为功"。这些品格在当今中国的大学，表面上看是学生没达到，实际上也正是很多领导和教师缺失应有的境界。目光短浅，得过且过，投机取巧，慵懒倦怠，气泄神衰，萎靡不振等是其大敌。

大学精神与时代精神、民族精神必然是互相激荡和同构相谐发展的。在改革创新精神越来越成为中华民族和国家发展主旋律的今天，我们的大学面对教育教学种种积弊，面对社会不满和呐喊，迟迟迈不出为提质加力、实现自我超越的大改革步子，是谈不上与时代精神合拍的。改革开放之初和上世纪90年代中后期，高教界和大学的管理体制大改革等搞得轰轰烈烈，在业内外引起大震撼。但进入新世纪以来，人们热盼的依靠新的教育教学大改革促进教育质量大提高的局面并未出现。今天谈大学改革，应从两方面梳理：问题的改革和改革的问题。有问题难题才需要改革，找准问题改革才有目标方向。当前一些大学改革本身存在的最大问题是：避实就虚，悬浮不着地。亟须反思的是如何避免改革目的被改革措施手段所淹没、甚至颠倒了。离开全面深化教育教学改革、提高人才培养质量这个核心价值和根本目的谈大学改革，把逻辑和手段当目的的改革，免不了陷入空谈、玄谈、混谈之困局。当前大学改革有个怪现象值得关注，就是全面实施素质教育这个"战略主题"被边缘化，"通识教育"舶来品还在某些大学掩盖、冲淡、冲击素质教育的实施。战略主题遭搁浅，实际上是教育教学这项核心改革被轻忽，或者说是核心改革本身不硬朗、无大作为被遮蔽了。改革释放巨能，改革创造机运。教改乏力，提质无望。再启大学教学大改革，搞好改革分层设计，提振每个大学人的教改欲望与能力，这是时代深处传来的召唤。

　　能否守住和弘扬大学精神，是对大学人意志的考验。"不义而强，其毙必速"。大学人如果也在名利、金钱和情色的诱惑中把握不住自己，如果小改即止、小进则满，甚至只为获取暂时的小利而丢掉恒久的大义，精神懈怠甚至颓废，是迟早的事。有的教授走上领导岗位后，陷入权钱名利怪圈而不能自拔，走上了违纪违法犯罪之路。谨防大学精神失守，以精神高度托起师生事业学业高度，始终应该是现代大学治理的重要关切。

感悟大学胸怀之阔大——各全其性　尊贤容众

远大理想能否实现、伟大精神能否展示，还要看有没有宽阔大气度的胸怀相匹配。经天纬地，中外古今，风云际会，有容乃大。汇人类历史与现实问题之研究，容天下能容和可容之思想，大学是知识的海洋，是各种思想交流交锋交汇之地。从自然科学到社会科学全覆盖，从物质世界到精神世界全方位探究，囊括政治、经济、社会、外交、语言、文学、艺术、哲学、法学、宗教等等，万虑千思，应有尽有。大学因"和而不同"而发展壮大，异彩纷呈。和而不同则兴，同而不和则废。大学的大胸怀是通过大学人群体来实现的。胸襟壮阔，大情大理，虚怀若谷，尊贤容众，包容彼此之不同，欣赏个性多样之精彩，是大学人最需要彰显的特质。一个组织、一个人只有发展个性，才会有创造的动力和能力；同样，只有允许不同个性同生共荣，才能体现包容大度。如今的大学教育，太过强调统一规格，一个模式制"器"，多样性不足，个性特长难发展，创造力受压抑，这种几近僵化的人才培养模式还在不少大学大行其道，备受社会诟病。

当然，张扬个性、独立人格，也不是提倡一味孤僻格色，更非相互攻讦，学会各适其天、各全其性，各擅其美，互赏各美，不相为害，既独立自信又善包容和合，互为补台不拆台，才是最可贵也是最难得的。不少大学校友走向社会创业办公司，遇到的最大的困惑往往不是技术，也不是缺资金，而是创建一个优势互补、同甘共苦、气和志达的团队，有些创业失败，重要原因就是不懂彼此合作、互信互惠。胸怀宽广、有大情怀的大学，理应在张扬个性的同时，更自觉地培育学人成为豁达开朗、情商充盈、智商卓越，讲恕道、和为贵，有涵养、有境界、有大气度的君子式才子才女。

感悟大学文化之博大——铸魂立格　聚心导行

大学传承创造文化，文化滋润振兴大学。大学既是人类文明的产物，又是文化文明的摇篮。大学如何办、办到何等程度，体现着一个国家的文明程度，著名大学就是国家或地域的重要文化名片和文明标志。整体上看，大学学科专业覆盖人类社会事务各个领域，是人类一切文化文明的集散地。大学文化当真博大精深。所有大学之间，育人文化互鉴交融、恩泽学子；科技文化辐射社会、造福人类；思想道德文化清明理性、养心润智；国际交流文化沟通亲和，互相取同存异，爱其所同，敬其所异。这四个方面的文化，都具有高端性，由此勾勒出的就是大学文化的四道亮丽风景线。细嚼文化的滋味，以高端文化育化人，以科学精神和人文精神滋养人，本是大学教育的优势和高明所在，但现在有些大学，要么对大学文化建设和研究自觉性不够，甚至罔顾其存在，不善整合和利用得天独厚的大文化资源治校办学育人；要么对大学文化奥义理解肤浅狭隘，总是囿于传统的"校园文化"层面，只与文体活动划等号，有的一边组织学生搞文艺演出，一边有学生搞不文明举动，很不协调，所以教育效果有限。广义上的文化，绝不仅仅是文学艺术，那只是人类文化的一角。好大学的人才培养方案最要紧的就是要通过文化整合，以科学和人文相融的教育，能让学生睁大慧眼看世界，能拨动心弦悟性善思考，能在善察善思中孕育创新的胚胎，集聚创造的能量。这样的人，走上工作岗位后，一旦社会有大需求大机缘，就会出大成果成大事业，成为拔尖创新人才。

大学文化必然是与弘扬大学精神、追求大学理想等相互成全、交相辉映的文化。优良的大学文化能对大学发展起到改善、激励、塑造高伟形象的作用；反之，则会带来抑制、腐化、扭曲品行等副作用。凝聚大学精神和升华大学群体人文素养，就是大学文化建设最重要最有价值的成果。人文注重心灵的引导，人性的优化。人文的力量在于能潜移默化地聚神凝心导行，其影响力具有渗透性和可持续性，很难轻易改变。大学文化建设的着眼点在于铸魂立格，正心立人，是要培育那些能够构成我们人性中高尚高贵的素质，是要为未来的杰出人才注入优秀的基因。大学文化建设不应只聚焦于流，而忽视源；不应只看到表面而忽视深层；也不可以"痴迷域外月，反失掌中珠"，不能沦为只会在课堂上空谈外来文化的传声筒。

感悟学学问之弘大——启世迪人　力排凡庸

与大学胸怀阔大、文化博大紧密相关，大学的学问同样弘大广深。"论天下之精微，理万物之是非。"广大大学教师在各自不同的学科专业领域，讲课讲学，传播知识技能和思想文化精神；同时潜心学问研究，发表论文、著书立说，既研究过去，更研究现实，也探究未来。大学汇聚的学术学问，广而无边，深不可测。有的大学教授，或精于某一学科专业的学术研究，或能触类旁通在两门甚至多门学科领域有建树。大学里睿智的高级知识分子云集、大师傲立，所有大学教师尤其是著名教授汇聚的学问，形成学问的高地，是人类智慧的重要象征。

现代学人做学问就是要适时发现和求解问题，一定要有问题意识和思想坐标，否则毫无学术生命可言。传统经典的说法叫：济世匡时，经世致用。今天我们更要倡导把科学真理、人道正义及人格道德融进学问中启世迪人。一个脱离社会现实问题、不感触感应时代脉搏、不食人间烟火的群体，不但培养不出社会需要的人才，也不可能创造出推动经济社会发展的新科技、新思想，倒有可能炮制出欺世害人的产品来。面对日趋激烈的国别竞争和校际竞争，我们的大学不能不认真思索如何弘扬优良学风，克服不端文风，如何不断增强科技和思想理论创新能力，提升社会服务水平、参与新型智库建设等问题。大学人做学问，本质上应是超越功利主义的，要有"不为五斗米折腰"的情怀，要有排除艰险做人类或社会问题的洞悉者和求解者的自觉与自信，要有用新思想新理念观照学术、提升学问的能力和本领。尤其是人文社科研究，提不出自己的求解世道人心难题的合理性思想，学术价值就值得怀疑。没有人会因为你有自恋自耗、深藏不表的学术思想而记住你，也没有人因为大学教授黯然失聪、了无生气、无病呻吟的空洞学问而真心崇敬你。当今大学最应做的是：激励学人们汇聚学问智慧，深明义理，力排凡庸，积极凝练具有现实或历史意义的深邃精到管用的学术思想，敢于和善于向社会发声，多建善言献良策，以具有穿透力和冲击力的思想光芒，去照亮和消减阴暗面，去影响和引领社会思潮。

感悟大学师爱之恒大——纯然底色 情自难忘

仁者爱人，仁师爱生，爱心恒守，大爱无疆，更是中国教育文化的"常道"，是大学教师须臾都不可忘怀的良知良心。爱是为师纯然的底色。爱心淡出就愧为人师。只有热爱岗位，热爱学生，热爱美好事物，才能成为广受学生爱戴、社会点赞的优秀大学教师。师爱圣洁，师爱是金，师爱永辉。怀着爱施教的老师，自己阳光，学生暖心。这不是在唱烦人的高调，不思量，自难忘，师爱应成为教师刻骨铭心、流淌在血液中、渗透在生活中、体现在教书育人实践中的一股久久暖流和力量，温暖学生心灵，开启学生成人成才成功的美好愿望。大学师爱应把人性和人文关怀放在更加突出的位置，使学生成为人性美、人格美、人生美、更有尊严的人。师道普爱，老师不应慢待任何一个学生，不可以只凭自己的好恶搞偏爱，对不甚顺眼、学习差些的就冷淡疏远，甚至讽刺挖苦。对所谓的"问题学生"更要做好转化工作，没有不可教育好的学生，只有不善致爱施教的老师；同样，没有不想成才的学生，只有不负责任的老师。在现代信息技术普遍应用的时代，大学教育更应将重点转移到人文化成和传道悟道上来，更加关心让学生感悟人生真谛，拥有正确的荣辱观、是非观，以及爱情观、就业观等。师爱必须有心，不用心就不是真爱，就不可能传导温度。大学并非为了在大学工作的人而存在，而是因为大学工作者能为学生为社会带来好的服务而值得存在。所以，作为大学教师，应时刻记得"为谁而生存"的问题，大学和教师因有学生而存续，学生及家长如同教师的衣食父母，让学生在有格调、充满人文关爱的气氛中发展好了、成人成才了，老师的重要价值就体现其中了。

爱的教育还应是生命和情智的教育。现在有的年轻大学生的人性脆弱得很，为学习压力大、为情感，甚至为一句逆耳不中听的话等莫名其妙的理由，产生怨恨或消极厌世心理，甚至有了轻生或害人等极端举动，给他人特别是家庭带来莫大的伤害。教师的爱，既要对自身人生有体悟、有升华、有期许，更要用爱和智慧的火种为学生点亮人生，给每个学生的生命有充分的尊重和更好的成全，引导学生炼智炼心炼意志，懂得取舍，懂得承受，懂得友善，拥有快乐生活的智慧，享受智慧健康的生活。

感悟大学声望之高大——弘毅崇德　止于当止

大学曾经拥有的威信和声望之高大，还可以从大学地位越来越重要和大学人拥有"正心笃志、崇德弘毅"等崇高的思想品德来考察。有学者认为，大学是政府以外的社会领袖。我想，好大学至少应该也能够成为思想文化领袖和精神道德的领袖。当然，前提是要尽快扭转"失去道德光环"的险象，再构和重塑大学思想文化和道德高地，维系好、发展好大学人的种种名节，行于所当行，止于不可不止。在伦理道德和善恶判断充满矛盾冲突的当下，大学教授最可贵之处，在于更加注重立德正心，远离小气、俗气、戾气、邪气，修炼大气、新气、清气、正气。为师和做学问，尤其要对"诚信"二字心存敬畏。诚实为人、严谨治学的底线不可破。诚实守信，既是师德的起码要求，更是当下弘扬社会美德的硬标杆。一个本身不讲诚信、精致利己、道德沦丧、言行偏执猥琐的人，即使出再多的所谓学术成果，也没有资格站在大学的讲坛上，不配称教授和教师。

君不见大学之道蕴于"大"，大处着眼心畅亮，识大悟大格局大。君不见大学之"大"寓正义，污之非之惹祸殃，行道守义可发达。请不要以为上述有些内容似曾相识，或是常识而已。可叹就在这里，我们蔑视常识、违背常识而谈玄说妙、舍本逐末闹出笑话、走了弯路、造成伤害的教训已经不少了。很多合规律的常识，其实就是真理和正义，回归本真往往就是先要回到常识。

（原载《光明日报》2015 年 8 月 6 日第 16 版光明名家讲坛专栏。人民网、新华网等网站转发。）

撷说大学之大　领悟大学之道

摘　要： 在一些大学，不同程度地存在本性迷失、精神失守、文化不彰、改革悬浮、提质乏力等问题。当下有必要对"什么是大学之大"进行多重梳理，进一步唤起人们对"何谓大学"、"大学何为"等基本问题的再认识和再探索。大学之道蕴于"大"，大学之"大"寓正义，大处着眼心畅亮，识大悟大格局大；只有坚持不懈地尊道行义，才是大学正确的选择。

关键词： 大学之大；尊道开新；扛责行义

适应不能改变的，改变不能适应的。这句颇有哲理的话，很值得正面品味。诚然，不同国别、不同时代对如何办大学没有统一的格式，人们也越发不赞成完全用同一模子办学；主张各领风骚，特色化、个性化地发展。但既称大学（包括高等院校）定会有许多必须共同遵循，不可改变的逻辑通则和秉持的姿态，或可称为大学之道。得道开智，守正道兴。作为大学人，特别是大学治理者理应对此了然于胸，并戮力付诸实践。不知则盲，错知必惑，知而不践行也只是未知。醒悟总在喧腾后，趋于成熟的关涉大学之道的文论已有一些，给人以开朗与启思。在此，我想不妨通过对何谓大学之"大"的多重梳理，用以领略和感知感悟大学之道和为学正义，或可获致补益。纵观国际国内既有的理论与实践探索，我觉得大学之"大"至少可以理出"八大"，即大学之"大"在于大学使命之重大、大学理想之远大、大学精神之伟大、大学胸怀之宽大、大学文化之博大、大学学问之弘大、大学师爱之恒大、大学声望之高大。现分别简要撷说于下。

一、领略大学使命之重大：正本清源　谨防本性迷失

大学使命和责任担当是否重大或崇高，不是大学自我陶醉、自擂自吹的，而是历史赋予、社会倚重、人心仰仗和大学衔命扛责、得道兴道、持续奉献得来的。国际上曾经比较认同的大学使命，首先是保存和传授知识，再是发现和创造新知识。如今有不少发达国家的大学都将教育目标定位于"培养有素养公民"或"培养人力资本"上，平实质朴中体现着对社会的大担当。在中国，党和国家更是赋予大学培养各级各类建设事业"接班人"的重任，这是何等神圣；何况人们普遍认可当今大学还要担负科学研究、服务社会、传承和创新文化等职能。承担好这当中的每一项任务，都堪称高尚而荣耀，都将得到社会尊崇。然而，大学多项职能的地位和作用不会也不应是主从不分、相提并论的。古人说：本立而道生。后又有人演义：盗亦有道，道亦有盗。其实都是在强调立本务本对兴道的重要。立本错乱，兴道必偏。联想到今天的大学，就是要明白一个道理：大学终究还是实施高等教育的机构，大学越是职能多样化，越要坚守大学的正道：立德树人，育人为本。不管大学的内涵和职能怎么变化，这一本性始终未变，也绝不能变。育人是天，教学为大。在为国家和民族振兴培养可靠接班人和高素质建设者的过程中，使各类优秀人才辈出，各项事业的后继者更优更强，成为能够传承和推

进人类文明的人，就是大学对国家和社会的重大贡献，也是大学的最高荣誉。这也必然要求把教学或育人的功能毋庸置疑地始终应放在大学工作的首位，如果颠倒或动摇育人的首要核心地位，大学生存发展的内在逻辑秩序都会乱套，就会使大学、特别是大学教师的本性迷失。

这里，尤其需要关切的是把准教学与科研的关系。不教学就不是教师，不科研难成好教师；教而不研难逃平庸，研而不教亦会虚空。强化科研学术，引导教师勇攀科研高峰，是大学提高发展能力和质量水平所必须。没有科研的高度，大学教学质量的高度也上不去，适应和回报社会强烈需求的能力也很难提升。最理想的状态应是实现教学与科研的有机统一，互相促进。常有人批评大学"重科研轻教学"，这不可一概而论。应该说，教师重科研本无过错，能把心思凝聚在做真学问和创造新知识上，怎么也不应受无端指责，能在科研和学术上拔尖，是件非常难得和值得骄傲的事。但是，身为大学教师，务必始终铭记还有一件顶顶重要的事体，即教书育人。"悠悠万事，唯此为大"。如果置教书育人于脑后，不肯在培养什么人、怎样培养人的问题上花心思，就会师将不师，校将不校！通常情况下，大学教师不应该只为学术而学术，为论文而论文，更不能借口科研任务重而应付甚至不教学；教学与学术科研应该互促互哺，学术与育人应相向而行，不能是两张皮、两股道，更不能互相顶牛或逆向而动。针对科研和学术创新力不强等软肋，有些大学校长和学者激进忘本，偏执一端，矫枉过正，高喊"大学因学术而生"，大学就是要以学术为本、学术至上，一切要为学术和学科建设让路，一切都要围着学术和学科转。这种观点的出发点不能说不好，问题是要将教学往哪儿挤。这些似是而非的理念，很可能瞒天过海地用"学术为本"或"学科为本"替换"育人为本"或"学生为本"。一些行政管理部门的考核评价和功利性极强的大学排行榜，也把论文发表数量当成了最核心评判指标。正是这些粗暴的论文数量和刊物影响因子崇拜导向，逼迫大学教师，包括少数学科带头人将育人主业当成了副业，甚至可以目中无人（学生），只注重如何多发论文和获各种科研奖项，就是不顾及如何更有利于学科人才培养。无论出于何种考虑，无论是学校还是教师，一旦将科研、将论文当成压倒一切的最高目的和全部追求，而对以学生和教学为中心置若罔闻，便是对大学之道的滥用和中伤。本固道兴，源洁流清。痴心不改，本性莫移。看来，我们的大学是应该好好正本清源了，对存在本性迷失的危险，再也不能集体无意识了，尤其是在人才培养质量提升乏力，成为大学普遍"痛点"的今天，更应在如何"反本开新"上花足心思。

二、领略大学理想之远大：义不逃责　立心立命立行

理想是什么？理想是对组织和事业未来的合理构想和期望；远大理想则是具有崇高意向，值得为之梦寐以求、生命不息、奋斗不止的至理至伟的愿景。"为天地立心，为生民立命，为往圣继绝学，为万世开太平。"这是我国先贤为大学教育垂示的理想宏愿，气概超凡，意境幽远，很是深奥精妙，堪称大学理想主义的范导。迄今还不见有比这更值得品悟的表述，得到诸多中国学者的推崇。学人怀大志则达，天下兼贵和则福。理想信念是人生航程的灯塔，是不辞辛劳拼搏前行的力量源泉。很多在海外学有所成的学者，就是抱着"胸怀天下，情系桑梓，智力为民"的信念回国从教兴学的。现代大学和大学人更应心系国家富强、民族振兴、民生改善，肩负历史责任，促进世界和谐、人类文明；志存高远、发愤图强，善于筑梦、追梦、圆梦。

现代大学尤其要有真理高于一切的信念，学人更应信奉崇真尚美、彰善瘅恶、讲格修睦，为国家乃至人类开太平谋福祉释放正能量。哈佛大学的校训就是"真理"（Veritas），倡导师生与真理为友、相依为命。"吾爱吾师，吾尤爱真理。"谁都不能全面永久代表真理，老师也不一定有真理，每个人

都可以通过自己的理性去领悟和发现真理。如果没有理想的照耀，失去真理和正义的引领，大学有可能培养出虽有相当知识技能，但胸无大志、苟且偷安的市侩小人，或是机智诡巧"精致的利己主义者"，或是不择手段"野心的投机主义者"。大学的教师和学生都会被划归到某个专业和学科，学习和研究相应专业的知识和技能，这就是从业和从学。但现代大学教育的目的不能卑微到只是单纯传授那些固有的专业知识上，忘了"立心"和"立命"，使能力与理想脱节。为者常成，行者常至。在实用主义或功利主义大行其道的当下，我们的大学不可以完全让理想主义退避三舍，在埋头赶路时，不可忘却还需经常仰望星空，以防误入歧途。

既忙且盲，看不清社会理想与个体理想、长远利益与眼前利益等关系，不善寻求理想与现实的契合点；这样再努力格局也不会大，未来的路也不会太宽阔。如何坚定大学理想、寻回迷失的信仰，构建积极向上的心灵家园，是当今大学回归本真的重大现实课题。作为高智商群体，大学师生在处理人生态度、公私利害、行为风尚等问题时，更应自觉将人类共同理想融入个体价值追求之中，不失"先天下之忧而忧，后天下之乐而乐"的中华知识精英本色。这也必然要求师生恪守大学宗旨和使命，不懈探索"教"和"学"、"成人"和"成才"的规律；推行学思结合、知行统一、启迪智慧、崇尚悟道的人才培养方略；形成并体验追求信仰真理之风、追求梦想成真之风、追求人生和谐尚美之风。而这些理想的追求，都离不开正确的世界观、人生观、价值观的引领。作为中国大学的师生，最应该是社会主义核心价值体系的带头传播者和践行者，这是"立心"之魂。人生最难锻造的要数灵魂，最难抵挡的要数诱惑，最难平衡的要数心态。心态扭曲，没有成熟的价值观判断，难保人生发展轨迹不出现差池；最常见也是最可怕的就是置理想信念及价值选择于脑后，私欲无限膨胀，走上自我迷失之路。这样的沉痛教训在当今的大学也不乏其例，可怕的智者能人腐败，更为社会所不齿。奉行正确的价值观，能使大学师生更具使命感和正义感，能在思想和价值多元化的现实面前不左右摇摆、不扑朔迷离，能在履行时代责任中有更多更好的担当，切实做到：事不避难，义不逃责。

三、领略大学精神之伟大：砥砺气节 提振改革能量

没有远大理想来仰仗，学人将无法拥有精神支柱；同样，没有伟大精神作支撑，大学理想与实践就会断裂。展现大学共同精神的有很多：崇尚科学，鞠躬尽瘁；淡泊名利，甘为人梯；坚忍不拔，自强不息；守正开新，常勤精进；独立之人格，自由之思想；迎难而上，挑战权威，不唯上、不唯书、不唯洋，不信邪恶、不随波逐流、不同流合污；等等。大学积聚和奉行的这些精神，已足可竖起大拇指，令世人钦羡。若将大学使命、大学理想、大学正义等汇合起来考察，大学精神之伟大，更是无可争辩的，绝对不失为人类社会精神之灯塔，是国家和民族精神汇聚、传承、发展、开新、引领之高地。大学在坚守自身精神家园的同时，理应保持那种敏锐的批判思维，或是理性反思的姿态，不断砥砺精神气节。大学除了共同拥有和信奉的崇高精神外，不同类型、不同层面的大学还会凝练成有各自风格特征的大学精神，校训就是一种具体体现。大学人既创造自身的大学精神，又被这种精神所感染、所改变。大学教师在为学生传授专业知识的同时，更应注重传导给学生两样东西：一是思悟力；二是精气神。在信息技术日新月异、知识传播和获取越来越便捷的今天，我们的大学如果不能让受教育者精神更加高贵，心智趋于成熟，灵魂更加尚美，格调通往卓然，那真就该自问还"有没有必要继续办下去"，至少该深刻检讨了。

从世界范围和大学发展逻辑观察，大学精神定然是不朽的，人们用不着担心大学精神会腐变和沉沦，只会随着岁月的砥砺和文明的进步而不断发展

完美，更加熠熠生辉。但对个体大学和个体人来说，就不一定了。在某些个体那里，大学精神被式微、被玷污、被扭曲、被抛去的危险会随时存在，而这些个体也免不了会被淘汰和遭遇唾弃。欲想有成就的大学学者，对科学真理锲而不舍的追求精神，不只是口头上的，而是渗透到自己的潜意识和日常生活行为中的。尤其做基础研究或理论原创的学人，如果没有一种呕心沥血、孜孜以求的精神境界，就不会出大成果，成不了大科学家和大学问家。当代中国，为什么很难出国际大师级科学家？一个重要原因就是太按捺不住急功近利的欲望，吃不得苦，耐不住寂寞，舍不得付出耐性，不懂得或做不到"久久为功"。独立思考，方正开新，久久为功，是学人的核心品性，它来自于既虚心学习又大胆质疑，善于批判性阅读和思维；来自于发现问题，分析问题和解答问题。这些在当今中国的大学，表面上看是学生没达到，实际上是很多领导和教师缺失应有的境界。鼠目寸光，得过且过，投机钻营，慵懒倦怠，气泄神衰，萎靡不振等是其大敌。

大学精神与时代精神、民族精神必然是互相激荡和同构相谐发展的。在改革创新精神越来越成为中华民族和国家发展主旋律的今天，我们的大学面对教育教学的种种积弊，面对社会不满和呐喊，迟迟迈不出为以质图强加力、实现自我超越的大改革步子，是谈不上与时代精神合拍的。回望改革开放之初和上世纪90年代中后期，高等教育界和大学的管理体制大改革搞得轰轰烈烈，恢复高考、打破条块分割、一批高校转制等等管理体制大改革，都在业内外引起大震撼。但进入新世纪以来，很多大学把注意力都放在那场大改革后的大发展、大建设上了，人们热盼的教育教学大改革促进教育质量大提高的局面并未真切出现，旧的几近僵化的教学或人才培养模式还在不少大学大行其道。今天谈大学改革，应从两方面梳理：问题的改革和改革的问题。有问题难题才需要改革，找准问题改革才有目标方向。当前大学改革本身存在的最大问题是：缠虚避实，悬浮不着地。这实为大学改革之痛，可谓十年之痒挥之不去。亟需反思的是如何避免改革目的被改革手段所淹没，甚至颠倒了。离开全面系统地深化教育教学改革、提高人才培养质量这个核心价值和根本目的谈大学改革，把逻辑和手段当目的的改革，免不了陷入空谈、玄谈、混谈之困局。当前大学改革有个怪现象值得关注，就是全面实施素质教育这个"战略主题"被边缘化，"通识教育"舶来品还在某些大学盛行，它掩盖、冲淡、冲击着素质教育的实施。战略主题遭搁浅，实际上是教育教学这项核心改革被轻忽，或者说是核心改革本身不硬朗、无大作为而被遮蔽了。教学改革小打小闹、徘徊不前，优质教学资源扩充提升缓慢，广大学生享受不到改革的红利、实惠，这难道不是大学改革的又一大问题吗？大学改革与政府部门抓改革有所不同，并非是有资格参与体制改革人的专利，教改主体不觉醒，不参与其中，何来改革落地！改革释放巨能，改革创造机运。教改乏力，提质何期。以创新创业教育为切口，再启大学真改革，搞好大学教育教学改革分层设计，提振每个大学人的教改欲望与能量，这是时代深处传来的召唤，是民心民声所向。

社会倚重大学，大学仰仗社会。能为社会不断带来价值，这是国家和社会支持大学持续发展的理由。从科研角度看，已经登临社会中心舞台的大学，改革中最需要主动思考和解决好的是这样一些问题：如何既融入社会了解世道人心所思所需所惑，又不被世俗浮誉腐蚀和低级趣味同化；如何既能获得社会更多经费物质支持，又不受制于各种利益集团、淡定理智、保持相对的独立性和自主性；如何既为经济社会发展提供强劲科技支持，又为社会文明提供精神动力和思想文化引领。一句话，做到"得意不忘形，同流不合污"。能否以创新驱动发展守住和弘扬大学精神，是对大学人意志的考验。"不义而强，其毙必速"。大学人如果也在名利、浮誉和情色的诱惑中把握不住自己，如果小改即止、小进则满，甚至只为获取暂时的小利而丢掉恒久的大义，精神懈怠甚至颓废，是迟早的事。有的原本可寄厚望的教授走上领导岗位后，陷入权钱名利怪圈而不能自拔，走上了违纪违法犯罪之路。有位著名大学校长感叹：大学正处于前所未有的精神和信任危机中。对此，表示认同者不在少数。所以说：谨防大学精神失守，再建大学精神高地，以精神高度托起师生事业学业高度，始终应该是现代大学治理的重要关切，舍此危矣！。

四、领略大学胸怀之宽大：各适其天　气和志达共荣

远大理想能否践行、伟大精神能否弘扬，还要看有没有宽阔大气度的胸怀相匹配。经天纬地，中外古今，风云际会，宽大为怀，有容乃大。大学是知识的海洋，汇聚人类历史与现实问题之研究结果；容天下能容和可容之思想，是各种思想交流交锋交融之地。从自然科学到社会科学全覆盖，从精神世界到物质世界探究全方位，囊括政治、经济、社会、外交、语言、文学、艺术、哲学、法学、宗教等等，万虑千思，应有尽有。苟利国家生死以，心底无私天地宽。有大抱负、大胸怀才有大境界、大成就。境界是智慧也是力量。古人说：君子和而不同，小人同而不和。无数事实证明，大学因"和而不同"而发展壮大，异彩纷呈。和而不同则兴，同而不和则废。大学的大胸怀是通过大学人群体来实现的。胸襟壮阔，大情大理，虚怀若谷，尊贤容众，包容彼此之不同，欣赏个性多样之精彩，是大学人最需要彰显的特质。当年北京大学老校长蔡元培倡导的"思想自由，兼容并包"办学理念，被广为传颂。如今，"崇尚创新、张扬个性"已成为不少大学的追求。一个组织、一个人只有发展个性，才会有创造的动力和能力；同样，只有允许不同个性同生共荣，才能体现包容大度。如今的大学教育，太过强调统一规格，一个模式制"器"，标准化套装，多样性不足，个性特长难发达，创造力受压抑，这种沿袭数十年的治教治学体制机制还在不少大学津津乐道，备受社会诟病。

当然，张扬个性、独立人格，也不是提倡一味孤僻格色，更非相互攻

讦；要学会各适其天、各全其性，各擅其美，互赏各美，不相为害；既独立自信，又善包容和合，互为补台不拆台，才是最可贵也是最难得的。卑鄙最终人害人，和谐讲究人容人。各适其天道和美，恃强相残难安宁。西安有所大学，前任书记和校长都从外校选派而来，而且两人原是某著名大学的同班同学，应该能同心同德默契合作了吧！然而，两人嘴上说的都是胸襟壮怀，腹内装的却是小鸡肚肠，互相猜忌怄气闹别扭，彼此抬杠死掐不相容；为大事小事争斗不断，全然不顾大局，搞得鸡飞狗跳，严重影响学校发展；组织上出面警告调和也不听，最后被双双调离，免职降级，后悔莫及。我们还能听到看到，不少大学校友走向社会创业办公司，遇到的最大的困惑往往不是技术，也不是缺资金，而是创建一个优势互补、同舟共济、气和志达的团队；有些创业失败，重要原因就是不懂彼此合作、互信互惠，共谋发展。这些活生生的例子告诫我们，胸怀宽广、有大情怀的大学，理应在张扬个性的同时，更自觉地培育学人成为豁达开朗、情商充盈、智商卓越，讲恕道、和为贵，有涵养、有境界、有大气度的君子式才子才女，就是要深彻感悟和达到孔夫子说的"君子学以致其道"之境界。

五、领略大学文化之博大：铸魂立人 凝神聚心导行

大学整理传承创造文化，文化润泽滋养提振大学。大学既是人类文脉文明的产物，又是文化的摇篮。大学如何办、办到何等程度，体现着一个国家的文明程度，著名大学就是国家或地域的重要文化名片和文明标志。整体上看，大学学科专业覆盖人类社会事务各个领域，是人类一切文明文化的集散地。世界各国著名大学的学科带头人、大牌教授几乎都是本领域的思想理论或科技创新的先锋翘楚和执牛耳者。大学文化当真博大精深。所有大学之间，育人文化互鉴交融、恩泽学子；科技文化辐射社会、造福人类；思想道

德文化清明理性、养心润智；国际交流文化沟通亲和，互相取同存异，爱其所同，敬其所异。这四个方面的文化，都具有高端性，由此勾勒出的就是大学文化的四道亮丽风景线。细嚼文化的滋味，以高端前沿文化育化人，以科学精神和人文精神滋养人，本是大学教育的优势和高明所在。但现在有些大学，要么对大学文化建设和研究自觉性不够，甚至罔顾其存在，不善整合和利用得天独厚的大文化资源治校办学育人；要么对大学文化奥义理解肤浅狭隘，总是囿于初创时的"校园文化"层面，只与表层文娱活动划等号，有的一边组织学生搞文体竞赛或表演，一边有学生搞不文明举动，很不协调，所以教育效果有限。广义上的文化，绝不仅仅是文学艺术，那只是人类文化文明的一角。人生在世，实际上就是做人和做事的历程。在做人或做事中享受并传承人类文明文化，是人生之幸。所以，有学者主张，不妨将人才的"人"与"才"分开来考察，得出的结论是：育"人"重于育"才"，不学会做人难成大才。好大学的人才培养方案最要紧的就是要通过文化整合，以科学和人文相融的教育，能让学生睁大慧眼看世界，能拨动心弦悟性善思考；能在善察善思中孕育创新的胚胎，积聚创新创造的能量。这样的人，走上工作岗位后，一旦社会有大需求大机缘，就会出大成果成大事业，真正成为拔尖创新人才。

大学文化必然是与追求大学理想、弘扬大学精神等相互成全、交相辉映的文化。优良的大学文化能对大学发展起到改善、激励、塑造高伟形象的作用；反之，则会带来抑制、腐化、扭曲品行等副作用。凝聚大学精神和升华大学群体人文素养，就是大学文化建设最重要最有价值的成果。台湾作家龙应台曾指出：政治家与政客的区别，就在于"人文素养的有与无"。某些"土豪"和中小官爷在出国旅行等场合仍不忘秀"任性"，闹出丑闻，不也是人文修养空虚所致吗？人文精神是大学文化的核心品格。人文注重心灵的引导，人性的优化。文化的力量在于能潜移默化地凝神聚心导行，其影响力具有渗透性和可持续性，很难轻易改变。大学文化建设的着眼点在于凝结先进文化特有的精神价值，既讲凝聚，使人心不散，追求卓越；又讲陶冶，使人心脱俗，有格有调，悄然潜入。换句话说，先进大学文化生态积淀的焦点是铸魂立格，正心立人，是要培育那些能够构成师生人性中高尚高贵的素质，是要为未来的杰出人才注入优秀的基因。大学文化建设不应只聚焦于流，而忽视源；不应只看到表面而忽视深层；也不可以"痴迷域外月，反失掌中珠"，不能甘于沦为只是在课堂上空谈外来文化的传声筒。自我封闭、拒绝讨教于外要不得；妄自菲薄、舍近求远同样不足取！立足中国大地办好中国大学，迫切需要创构中国特色的大学文化。

六、领略大学学问之弘大：得机而动 一展思想灵光

与大学胸怀阔大、文化博大紧密相关，大学的学问学术同样弘大广深。"论天下之精微，理万物之是非。"广大大学教师在各自不同的学科专业领域，讲课讲学，传播知识技能和思想文化精神；同时潜心学问研究，发表论文，著书立说；既研究过去，更研究现实，也探究未来。大学汇聚的学术学问，广而无边，深不可测。有的大学教授，或精于某一学科专业的学术研究，或能触类旁通在两门甚至多门学科领域有建树。大学里睿智的高级知识分子云集、大师傲立，所有大学教师尤其是著名教授汇聚的学问，形成学问的高地，是人类智慧的重要象征。我们无需杞人忧天地担心大学学问能否生生不息、经久不衰；升腾向前、不断攀登人类智慧的高峰，这是学人前行的总规律大趋势。西方不亮东方亮，东西方相得益彰，都是可能的。但如果学人调整不好发展方略和心态，出现"长江后浪推前浪，前浪死在沙滩上"也未可知。

现代学人做学问尤其要适时发现和求解问题，一定要有时代意识和思想

坐标，否则毫无学术生命可言。传统经典的说法叫：济世匡时，经世致用。今天我们更要倡导把科学真理、人道正义及人格道德融进学问中启世迪人。一个脱离社会现实问题、不感触感应时代脉搏、不食人间烟火的群体，不但培养不出社会时代需要的人才，也不可能创造出推动经济社会发展的新科技、新思想，倒有可能炮制出欺世害人的次品毒品来。面对日趋激烈的国别竞争和校际竞争，我们的大学不能不认真思索如何弘扬优良学风，克服不端文风；如何不断增强科技和思想理论创新能力，提升服务社会水平、参与新型智库建设等问题。大学人做学问，本质上应是超越功利主义的，要有"不为五斗米折腰"的情怀，要有排除艰险做人类或社会问题的洞悉者和求解者的自觉与自信，要有用新思想新理念关照学术、提升学问的能力和本领。做到不拘陈规，不落俗套，想人之所未想，发人之所未发。尤其是人文社科研究，如果提不出自己的求解世道人心难题的合理性思想，学术价值就需要怀疑；如果不愿或不敢面向实践和国计民生问题，同样是可怜可悲的。近来，社会上在流传，大学教师中存在着可怕的"四跑一荒"问题：即跑钱、跑官、跑项目、跑奖励，荒废学术（尤其教学学术）。对此更需检讨的是管理和政策导向存在的严重缺陷，一味地指责教师有失公平。

大学还应自我反思，为什么学术学问体量之大几乎无人能比，而向社会发出正义之声却很微弱？中国大学的论文总量已位列国际前茅，但大并非强。老子说"大音希声"。说的是高人发声不在多，在于卓异精到，在于惊世骇俗。噪声多了更扰人，但也不是失声；总是无声禁声，无异于死的。我们欣赏不鸣则已，一鸣惊人。一般学人即使不能惊人牵心，至少也得有轻涟微波。否则哪里还谈得上对社会的回馈和报答！没有人会因为你有自恋自耗、深藏不表的学术思想而记住你，也没有人因为大学教授黯然失聪、食古不化、拾人牙慧、了无生气、无病呻吟的空洞学问而真心崇敬你。当今大学最应做的是：激励学人们汇聚学问智慧，深明义理，时至而行，得机而动，力排凡庸，以理性和智性表达人类关切；积极凝练具有现实或历史意义的深邃精到管用的学术思想，敢于和善于向社会发声，多建善言献良策，以具有穿透力和冲击力的思想灵光，去照亮和消减阴暗面，去抵制和改造社会腐朽思潮。我们不能总是"让自己的脑袋，成为别人思想的跑马场"。中华民族的伟大复兴，必是包括学术振兴的；中国的崛起，正是实现学术创新和拥有更多学术话语权的最好时机。

七、领略大学师爱之恒大：传导温度　不思量自难忘

　　大学原本就是一座靠爱心砌成的大厦，一旦爱心淡出而变成名利场，这座爱心大厦便会轰然倒塌。仁者爱人，仁师爱生，爱心恒守，大爱无疆，更是中国教育文化的"常道"，是大学教师须臾都不可忘怀的良知良心。爱是为师纯然的底色，爱心失色就愧为人师。只有热爱岗位，热爱学生，热爱美好事物，才能成为广受学生爱戴、社会点赞的优秀大学教师。师爱圣洁，师爱是金，师爱永辉。怀着爱施教的老师，自己阳光，学生暖心。这不是在唱烦人的高调，不思量，自难忘，师爱应成为教师刻骨铭心、流淌在血液中、渗透在生活中、体现在教书育人实践中的一股久久暖流和力量；它温暖学生心灵，开启学生成人成才成功的美好愿望。大学师爱应把人性和人文关怀放在更加突出的位置，使学生成为人性美、人格美、人生美、更有尊严的人。师道普爱，老师不应慢待任何一个学生，不可以只凭自己的好恶搞偏爱，对不甚顺眼、学习差些的就冷淡疏远，甚至挖苦打击。对所谓的"问题学生"更要做好转化工作，没有不可教育好的学生，只有不善致爱施教的老师；同样，没有不想成才的学生，只有不负责任的老师。在现代信息技术普遍应用的时代，大学教育更应将重点转移到人文化成和传道悟道上来，更加关心让学生感悟人生真谛，拥有正确的荣辱观、是非观，以及爱情观、就业观等。

师爱必须有心，不用心就不是真爱，就不可能传导温度。大学并非为了在大学工作的人而存在，而是因为大学工作者能为学生为社会带来有爱心温度、充满正能量的服务而值得存在。所以，作为大学教师，应时刻记得"为谁而生存"的问题，大学和教师因有学生而存续，学生及家长如同教师的衣食父母，让学生在有格调、有尊严、充满人文关爱的气氛中发展好了、成人成才了，老师的重要价值就体现其中了。

爱的教育还应是生命和情智的教育。现在有的年轻大学生的人性脆弱得很，为学习压力大、为情感、甚至为一句逆耳不中听的话等莫名其妙的理由，产生怨恨或消极厌世心理，甚至有了轻生或害人等极端举动，给他人特别是家庭带来莫大的伤害。复旦大学研究生投毒案，令人心悸不已，教训至深。教师的爱，既要对自身人生有体悟、有升华、有释然，更要用纯真至爱和智慧的火种为学生点亮人生，让每个学生的生命得到充分地尊重和更好地成全；引导学生炼智炼心炼意志，懂得取舍，懂得承受，懂得友善互爱，拥有快乐生活的智慧，享受智慧健康的生活。洒向学生全是爱，以爱唤爱最珍贵。岂为微飙折，受屈不改心。过去一批批大学教授宁可自己隐忍着种种不快和委屈，在学生面前仍然不讲条件地在各种场合释放爱心，以学生出人头地为荣，不是父母，胜似父母。现如今有不少著名大学的教授不愿给本科生上课，有的则匆匆赶到新校区给大班学生讲大课，上完课又急忙夹着皮包走人，学生与教授连当面说句话的机会都很难得。也有的大学教师（主要是研究生导师）有意无意地把师生关系功利化、庸俗化了，教授成了"老板"，学生成了打工仔；也有的师生成了爷们哥们姐们的关系，甚至越过人伦道德底线！于此看来，如何让大爱精神保持清纯朗润，让爱的教育始终成为大学教育永恒的主题，也给大学管理者和教师都留下了新的课业。

八、领略大学声望之高大：诚毅崇德　品能同修齐彰

大学曾经拥有的威信和声望之高大，还可以从大学地位越来越重要和大学人原本拥有"正心笃志、崇德弘毅"等崇高的思想品德来考察。有学者认为，大学是政治家以外的社会领袖。我想，好大学至少应该也可能成为思想文化领袖和精神道德的领袖。当然，前提是要尽快扭转"失去道德光环"的险象，再构和重塑大学思想文化和道德高地，维系好、发展好大学人的种种名节，行于所当行，止于不可不止。随着知识化、现代化的深入发展，大学已逐步从社会边缘走进社会中心。紧贴社会文明进步，高等教育逐步大众化、普及化，越来越多的年轻人走进大学深造，接受大学的熏陶，再步入社会；不接受大学教育将越来越成为人生的一大缺憾。源源不断的大学科学技术成果和思想文化成果等也将为社会带来越来越多的正能量。社会越进步、越开发智力、人类越走向文明，离开了精于德智体美齐育，长于精气神情交融的大学，越是不可想象的。当然，随着现代信息技术的广泛运用，作为个体的大学，如果不能与时俱进变革育人模式，不珍惜名声信誉守住道德底线，也有随时倒闭的危险。

现代大学里聚集着一批学识渊博、德高望重、声名远播的大学问家、科学家和教育家，以及由他们带头示范培育和传导的高贵精神道德，为全社会所敬仰。我们讲师德，不止于师爱，还在于不可或缺的人格魅力和学识魅力。那些后来成为国家元首、业界领袖的校友，见了恩师仍会肃然起敬。有教授才有大学，教授是大学的擎天柱。大学教授更应该珍惜自己的声誉，深彻体悟"既做经师又为人师"的分量，始终如一地以高洁的品行、高雅的格调、高深的学问、高明的教学艺术，执著于立德树人，传道授业。众望所归的大学教授更应品能齐彰。有能无品会害人，有品无能也误人。在伦理道德和善恶判断充满矛盾冲突的当下，大学教授最可贵之处，在于更加注重立德

正心，远离小气、俗气、戾气、邪气，修炼大气、新气、清气、正气。为师和做学问，尤其要对"诚信"二字心存敬畏。诚实为人、严谨治学的底线不可破。诚实守信，既是师德的起码要求，更是当下弘扬社会美德的硬标杆。一个本身不讲诚信、精致利己、道德沦丧、言行偏执猥琐的人，即使出再多的所谓学术成果，也没有资格站在大学的讲坛上，不配称教授和教师。一诚天下动，无信人皆唾。自甘沉沦，无视道德光环的大学是非常可怕的。为什么公众对有的大学教师学术创新不力还能容忍和等待，而对个别学人科研弄虚作假、抄袭剽窃恨之入骨、痛心疾首，力主零容忍，就是因为它冒犯了守诚有信求真的道德基点，越出了红线。现如今，大学内外还出现了疯狂的"论文买卖"丑闻，并形成了产业链。这是多么可耻可悲的行径！连为人师表、最受公众信任的大学教师及在学硕士生、博士生都可以不讲诚信，人心何堪，教授形象何在，大学形象何在？良心正义何在？！这种学术和道德害群之马的罪名真的背不起、背不得！这也正应验一句网络热语：只要不作死，就不会死！执著蛮拼的，终将精彩！

君应见大学之道蕴于"大"，大处着眼心畅亮，识大悟大格局大。君应见大学之"大"寓正义，污之非之惹祸殃，行道守义可发达。请别以为有些所述似曾相识，或是常识而已。可叹就在这里！我们蔑视常识，违背常识而谈玄说妙，舍本逐末闹出笑话，走了弯路，造成伤害的事难道还少吗？！很多合规律的常识，其实就是真理和正义，回归本真往往就是先要回到常识。正义和真理是古今相通的，没有新旧前后之分，却有用与不用之别。不信不去用，它们统统都会变成旧的、死的、没有价值的东西；只要会用，能遵循着去做，真心践行之，事事处处就会是新的、充满生机的。信不信由你！

（原载《铜仁学院学报》2016年第1期）

第二辑

治校强教省思

心语小引：

四年多前，《光明日报》发表了我的拙文《时代呼唤有思想的大学校长》。有人一看标题就联想：潜台词不就是说当下少有甚至没有有思想的大学校长吗？这是谁呀，胆大妄为，敢于批评最有知识和文化一属的大学校长，包括最顶尖大学的校长！当然，曾认识的一些校长读罢该文，发短信或电话说：所言不无道理，提醒得好；但也有相讥反问的：校长没思想，难道书记有吗、厅长部长有吗？甚至有人说：这个社会需要有思想吗？允许有自己的思想吗？！这或许是当今部分知识分子的一种心态。话虽带有饿饿味，正面理解却能悟出：客观上也等于引发了人们更多的思考。更为狂妄的是，在去年夏天一次高等教育国际论坛上，我在演讲中当着几所著名大学校长的面，很不恭地发问：随着国家投入力度空前加大，缺钱还能成为你们不卓越的理由和借口吗？最缺的恐怕是治校办学的新思想和创新的思路！校长听了会反感，但也有认为这是事实。坚持问题导向是马克思主义的鲜明特点。没有问题意识，无的放矢，无病呻吟，是学术研究和发文论的大忌。这组文论中，对高教工作一度存在的思想贫瘠、本性迷失、精神失守、治权错乱、改革悬浮、提质乏力的探析，对陈旧教育教学方法顽疾的固守、对学科建设逻辑和方向偏颇、对理论创新与实践创新良性互动跟不上时代步伐等等问题的质疑，本意也只是提个醒，若无人听进去，纯属妄谈也罢。

时代呼唤有思想的大学校长

中国当代大学最大的困惑是什么？不少大学校长在被问及这样的问题时，回答几乎都是：缺经费，缺好的体制机制，缺高精尖的科研成果和高端人才。这些自然有其道理。但这样的答案听多了，似乎很不带劲。

从大学本义而言，也从历史和现状考察，我们或许应该作更深层探究，并油然产生一种直觉：当代大学最缺的是思想，是缺乏破解改革发展难题的思路和睿智，核心是缺少思想家型的大学校长。这也是与众多教授的感同身受相吻合的。思想，或叫先进思想文化是有很强穿透力的，是可以突围困境、创造奇迹的。思想文化创新定当成为高等教育最大的救赎力量，成为大学变革的不竭动力。

尴尬的现实：少有思想家型的大学校长

中外历史上教育家扮演民族思想家的不乏先例。在现今，人们仍希望杰出的大学校长不仅是改革发展的参与者、见证人，还应成为思想文化产品的有力提供者。即便只从高等教育发展逻辑讲，大学校长作为大学的核心人物，其对人类社会和教育规律的深刻理解，直接关乎一校乃至跨校跨界思想理念的先进性和科学性，并且关乎事业和人的生命力创造力。在起步建设高教强国、呼唤教育思想理念创新的当下，社会和大学人更有理由期待思想家型的大学校长更多涌现。只有让懂教育有思想的人来掌管大学，才能保障大学的改革发展不偏离高等教育的逻辑和大学的本义。

实践一再证明，思想理念独特深刻的校长和现代一流大学的生成生长有着高度密切的关联性。说到柏林大学，人们钦佩洪堡的开创性贡献；说起哈佛大学，人们总会油然想起艾略特40年治下该校发生的巨变；在中国，说起北京大学，大家也会对蔡元培校长肃然起敬。这些校长所处背景环境不同，但都有一个共同特点，即他们以超凡的洞悉力及独到的办学思想和对真理的执着追求，引领学校跻身世界顶尖大学行列，久盛不衰，或带领学校冲出重围、迈上快速崛起的发展之路，令人刮目相看并争相学习和研究。

由此人们不能不联想到当今中国大学的现状。经过世纪之交的快速发展，中国各级各类普通高校（含高等职业技术院校）已达两千余所，在由大变强的新征程中，数以千计的中国大学校长们，应该说都在为办好自己的大学费神操劳，有的甚至累倒病倒了仍在坚守。这种精神很有感动人之处。但若业内外追问，在众多大学校长中，究竟有多少称得上是有思想教育家型的人物？答案恐怕难有乐观。

大学的软肋：思想理念碎片化、断裂化、陈腐化

很少有思想教育家型的校长是当代大学的大软肋。在通常，我们也能看到很多大学校长在报刊上时不时发表文章，在各种论坛和工作会上有发言和演讲，更在校内年复一年地制定管理文件和进行工作布置，这当中都或多或少渗透着各自的思想理念和观点，有的还有一定见地，闪出思想火花。但思

想精神体量大的真还不多。有相当多的大学校长把自己当成高级别的官员，作批示发指示，却没有或极少静下心来去做深层次系统的理论思考，面对改革发展难题拿不出有冲击力的完整思路和对策，也没有对教育立言立说之志。有的虽然有文章和演讲发表，也只是工作经验性总结，或由别人捉刀代笔，自己只是署个名或去宣读一下而已。在一些重要场合，人们听了校长发言，都会暗自发问：难道这就是中国顶尖大学校长的水平吗？一些校长在位一二届后离任了，留下的可圈可点的、可以流传的思想理念几乎仍是空白。有的著名学者（院士）任校长后，仍对其原学科专业研究津津乐道，并带研究生，但未必能想到专业智慧是弥补不了系统治校办学思想空虚之缺陷的。

最应该出思想的大学，最应该有办学育才系统思想的大学校长，却深陷于教育思想理念僵化匮乏的尴尬境地，突出表现在思想理念碎片化、断裂化、甚至陈腐化。这一还未引起足够重视的现象产生的原因是有的大学校长的思想理论建设长期被轻视忽视，系统整合梳理缺失，也就谈不上站在至高之境，开创新域，导致形不成自己独特的合乎大学逻辑的认知体系、话语体系、价值体系、道德体系和实践体系；有的大学校长虽有表述浮华繁复的思想理念性内容，但无力凝练科学发展的"主心骨"和灵魂，导致学校发展认知混乱，办学理性定力不足；有的大学校长习得套功搬功，迷信洋人古人，失去独立思考的能力，沦为西方理念的"复制者"或上级政策的"传声筒"，导致超越不了照着讲、含混讲的思维定势，不能突破照猫画虎、承接衣钵式的思想桎梏；有的大学校长狭隘偏执，习惯于拍脑袋想当然，玩虚玩大，浪漫主义色彩浓重，导致陷入空想主义，不成熟的思想观念又缺乏参与主体的广泛认同，与实际运行两张皮相游离。

校长的立足点：用心用情于教育思想理论建树

何为思想？通俗讲，思想就是头脑。思想不明亮，头脑难清醒。中国高等教育要现代化，思想观念首先应现代化。破解中国高等教育改革发展一系列难题，没有先进思想文化引领不成。一所大学的思想理念能否全面现代化，在极大程度上取决于校长的思想是否解放、是否开放开明。一句话，能否做到有思想的教育家校长治校。

尽管现有体制和环境对产生思想家型的大学校长还有种种制约和不如意，但总趋势是在改善中，而且客观环境与校长主观是否自觉自醒自信又是一回事。真正有思想的人是会理性地面对一切困难和问题的。欲想成为信息化时代有独立思想的领航人物，就该超越旧思想体系的樊篱，不忍随波逐流，善于独具慧心地"自己讲"、"讲自己"和"明白讲"、"讲明白"。走上岗位的大学校长，就该找准角色定位，有所为有所不为，将个人的生命价值寄托于教育改革创新，对大学本义有坚定不移的信念，为治校办学和立德树人殚精竭虑、洞若观火，对大学教育与人和社会的关系、与民族国家的关系、与人类文明进步的关系有深切的合乎规律的体会和认识，并深思熟虑，并将其转化为参与主体的共识、转化为指导办学行为的能力，真正成为叩开强校强教的领头雁和引路人。善于凝思铸魂、用心用情于教育思想理论建树的大学校长，必将获得人们尊崇。

（原载《光明日报》2013年7月17日第16版）

凝思铸魂　激发大学思想文化力

改革开放 35 年来，中国高等教育发展主旋律健康，成就有目共睹。若问新形势下中国大学的最大困惑和危机是什么，依我看，仍有投入不足、体制不顺、环境欠优等问题；但往内透视，恐怕存在思想贫困、思想精神文化不给力这样一个深层次大问题。由此相伴而生的则是：本性迷失、精神失守、改革失策、提质乏力的危险。这不是要给大学抹黑，而是一种内省内警。思想，或叫先进的思想文化是有很强穿透力的，是可以突围困境、创造奇迹的。力戒思想平庸，创新思想文化定当成为高等教育强大的救赎力量，成为大学变革的不竭动力。

一、思想观念不给力，导致大学教育本性迷失

大学不仅是一种组织和物质存在，更是一种思想信仰和精神文化存在。什么是思想？直白地说，思想就是头脑。缺思想就是缺头脑，无思想信仰还会丢魂失魄。思想不明亮，头脑难清醒，行动踩瓜皮。没有或不成熟的思想头脑，要想获得成熟的实践成果，那顶多是侥幸。大家都感到，中国大学教育改革发展实践也存在着许多不成熟，甚至乱象，原因很多，也很复杂。但

根源恐怕都与一个深层次问题有密切关系，那就是：高等教育思想观念在很多方面还很不成熟，可资全面指导或观照的思想体系构建远远滞后了。这种滞后性已经并会继续让大学吞食苦果。

现实中，人们对教育问题的思想认识，或似懂非懂、似明非明，甚至似是而非的状况，随处可见。近些年，有人高调提出：中国大学只有"去行政化"，才能有出路。如果说这是为了更好地彰显民主管理、科学管理，反对"官僚化作风"和"衙门式管理"，的确是值得关注的。但是，如果以"去行政化"之名，反对所谓的"政治化"和党的领导，那就值得警觉了。随着大学规模和责任的不断拓展，党委领导和行政管理不但不可以取消，在有些方面是如何进一步改善和加强的问题。

高等教育思想文化建设的弱化，最危险的后果在于大学教育本性的迷失，即淡忘"立德树人"这个根本任务。为什么"坚持立德树人"、"育人为本"一次次地写进十八大报告、十八届三中全会决定和国家教育规划纲要等最高级别的文件，仍然难得落实？这难道还不值得我们认真反思吗？在科学技术是第一生产力、科技协同创新列入国家重大计划、大学与经济社会发展关系日益紧密、大学职能多样化和溢出效应不断膨胀的新形势下，一些大学和学者高喊学术为本、学术至上、以学科建设为龙头。实际上是把纯粹的学科建设、科学研究、发展学术当成了根本任务，"育人为本、德育为先"名存实亡。一些行政部门的考评和功利性极强的大学排行榜，也把科研和论文发表数量当成了最核心指标，逼迫很多教授、学科带头人将"育人"主业当成了副业。有的大学高薪引进"高层次人才"，中心任务就是让他们一门心思撰写能冲刺国际著名期刊的论文，只要能发表，能为学校争分、排名提升，别的都可以不计不管，允许他们目中无"人"（学生）。这种太过功利化和形式主义的导向，实际上是把教师当成了获得硬指标的工具。大学是以学生发展成长、即育人为本的，一切工作安排都必须考虑学生成人成才的需要，而不是教师自我觉得怎样合适就怎样做。大学教师思想境界的高低，决定着其育人能力和学术水平的高下。全然被论文硬指标牵着鼻子走、目中无"人"的教师，光环再多，与学生何益？加强学术科研、服务社会、国际交流是必须的，学术水平是高等教育质量的重要标志，发展学术也是高校内涵式发展极为重要的任务，但作为大学，不应该只为学术而学术，为学科而学科，为论文而论文，更不可以学术冲击教学，教学与学术应互促互哺，学术与育人应相向而行，不能是两张皮、两股道，更不能逆向或顶牛而动。大学越是职能多样化越要坚守住大学的正道：立德树人。育人是天，教学为大。教学或育人永远是大学第一位的、最核心的职责，任何时候都动摇不得。好教授应该：心，沉于教坛；光，照耀学子。这个光，是学术之光，师德之光。为了学术荣誉而淡化、甚至抛弃育人，还是逃脱不了失职和缺德拷问的。

时下，我国大学已进入了以提升质量为核心的内涵式发展新阶段。这也必然要求引导大学教师更多地关切育人质量和教学改革。我们的大学，对教学或人才培养模式改革对提高人才培养质量的极其重要性、不可替代性、不可逾越性的认识，还很不到位；大学的教师，对育人神圣、教学神圣、课堂神圣，对教改责任担当的认识，也亟待提高。教学或培养模式大改革没有绝大多数教师的觉醒和有效践行，那永远只是空中楼阁，有名无实。多年来，一些大学的教学改革，面上开花有，但大面积、大范围、绝大多数教师都参与其中的教改实践还是太少了。喊了几十年的最基础的教学方式方法改革都难见全面大突破，照本宣科满堂灌、刻板模子复制器还在大行其道，无论如何也不能令人信服的。忽视育人为本，导致"提质乏力"，其根源在于教改乏力，在于思想观念更新慢，育人模式改革创新不接地气，在于因材施教、学思结合、知行统一等近乎常识但带有规律性的理念践行无果。化解人才培养中的"提质乏力"难题，根本出路还在于使教学改革脚踏实地，发动所有教师乐于参与其中，避免改革责任划分不清、落不到实处真处的花拳绣腿。

大学本性的迷失，是会动摇大学精神文化根基的。

二、办学理性无定力，导致大学"精神堡垒"失守

由于中国大学在办学中始终缺乏自己的核心理念，或已有的思想理念缺乏参与主体的广泛认同，致使有的大学发展认识混乱，尤其是行事理性定力不足。缺乏理性，在大学组织，就容易头脑膨胀，急火攻心，玩虚玩大玩空，甚至玩假，陷入理想主义和空想主义。有的民办高校，还在办高职阶段，就提出要办成"东方哈佛"的雄心壮志。仅仅因为是民办，哈佛大学也非公办，就胆敢如此比肩，业内人只能把其当笑话看。当然这是个案。较普遍的问题是，当重点建设若干所世界一流大学成为国家意志，当办研究型大学概念引进以来，我们的好多大学、包括有的新建本科高校，也纷纷追逐"一流"、"研究型"，都往一条道上挤。这样做，不偏离大方向才怪呢！我们还看到，建设创新型国家的提出，又针对中国大学生最缺创新精神、创新能力的谴责，有的提出了要创办"创新型大学"的口号，有些国家重点建设大学则把"培养拔尖创新人才"当作目标追求，甚至一些应用性地方高校和职高也来凑热闹，也声称要培养"拔尖创新人才"。出发点不能说不好，问题是想得有点简单了，甚或有违杰出人才生成生长规律。

大学教育其实是定向性教育，是学生择方向、打成才基础的阶段，大学毕业还只能是人才的苗子或"毛坯"。爱因斯坦说过："学校的目标始终应当是：青年人离开学校时是作为一个和谐的人，而不是一个专家。"美国学者（戈尔丁和卡茨）还认为，学校最传统最基本的功能之一是培育"人力资本"。而我们的一些舆论，连高中学习好、高考得了高分，都把其吹捧成"拔尖人才"。我们的有些用人单位，也恨不得大学生一毕业就能立马当专家使用。实际上，即使再好的大学，也不可能成批地让学生毕业时就成为拔尖

人才和杰出人才，这样的人才只能在走向社会、在工作实践中冒出来，而且还有赖于时势、机遇加个人资质、意志力等。大学把自己的培养目标定得过高，听起来很美，但不切实际，还会把社会、用人单位的胃口、期望值吊得很高，结果达不到，就会失望，招致各方面无端不满。这说明，理性面对，实事就是、合乎规律是多么重要。不是说大学要"顶天立地"吗？真正能"顶天"的，也必定以"立地"为基础。在我国，总把劳动、打工、服务和三产、私企、工人、务农当成贬义词，有的大学也开始忌讳培养建设者和劳动者，这样社会不公和等级等弟的裂痕还会扩大，大学发展也会失去基础支撑，大学毕业生就业也会遭遇更多的阻力障碍。有位大学教育专家说，当官成了人们唯一最好的追求，社会必定走上绝路！警世良言呵！我们的大学都把培养"拔尖创新人才"作为最好最重要追求，不如此就会低人一等，学生毕业就业时又都信奉"学而优则仕"，那也必然会走进窄胡同，甚至死胡同。

　　理性的缺失，对大学人个体来说也难免迷茫。一方面，有人在高喊大学"去行政化"；另一方面，"教授谋官位、官戴教授帽"几成时髦。不少人两头的好处都想占有。如果都能走正道，合理合法合程序地达到提职升官目的，也不全是坏事。老百姓最恨的是走歪门邪道，伤天害理，陷入权钱名利怪圈不能自拔。现实中，我们的大学毕业生进入社会，也包括留校的中青年教师，"上进心"可强了，总希望自己快发大财，早在核心期刊上发表论文，早些评上副教授、教授，早日买房娶妻拥夫，快捷谋得一官半职。这要求本来不无合理之处，也是一种动力。问题是，有人总想走捷径，浮躁骚动，甚至不择手段营私舞弊、见利忘义，踩倒别人自己往上爬，不在乎被人指责为"高智坏人"、"多知缺德"。连外国朋友也尖叫"中国人都疯了，都给自己按下了电子快进键"，非拼得个你死我活。但一旦快进键失效，就泄气抱怨，精神懈怠，像按了倒退键，一落千丈。学术良知、科学道德是社会道德在科研活动中的表现，其核心是诚信。美国科学院提出的五个核心价值是：诚实、有怀疑精神、公正、易与国家合作和开放。其中，居首位的是诚实。伪造、篡改、剽窃，几乎是全世界公认的三类最应惩戒的不良研究或不端学术行为，一句话，都痛恨不诚实。我们的老一辈有卓越成就的教育家、科学家，都拥有信仰科学、崇尚真理、守诚求实的可贵精神。但是，现如今，我们的大学也出现了一些学术污染源、极少数害群之马，论文抄袭剽窃、虚假浮夸、厚颜无耻争名夺利等丑闻时有所闻，诚实、严谨及求真、自律等基本师德，早已被一些人抛于脑后，极个别教师利欲熏心，人格底线都敢突破；在那些校风学风差的学校，培养出来的毕业生明显沾染着市侩、功利、虚伪、自私等恶习，我们也不乏看到有的高校是在培养技术精专而心胸狭窄、格调低下的人，以致社会舆论发出了警示："大学的精神堡垒还能守得住吗？""大学的精神家园还复存续吗？"大学精神是否已经萎缩？这类尖锐声音，听起来很刺耳，但我们确实要反思一个问题：当今大学是否已处于从思想道德失衡到亟需重构的临界点？这是需要超强勇气、智慧和能力的。

三、提升思想文化力，为强校也为民族增添精气神

严格地说，思想精神产品是民族文化的内核和高端，它能提升我们的精神境界，触及人的生命和灵魂。腹有思想气自华，思想精神文化的力量不可低估。恩格斯说：一个民族的理论思维能力，决定了它能否站到科学高峰。还说：一个民族要想站上科学的顶峰，就一刻也不能没有理论思维。同理，一所大学要想摆脱虚火攻心、"没有灵魂"的卓越，就一刻也不能没有先进办学思想理念的引领。大学对社会对人类的贡献，除了人们常说的输送人才、科技服务外，还应该有思想奉献、思想文化的引领、精神生产力的提升和供给。就是说，凝聚思想文化力，用先进思想文化滋养、锻造、提振大学和民族精气神，应成为大学主动服务并引领社会的极为重要的责任和新关切。

大学是知识和思想文化创新的策源地。出思想，提供高端文化成果、特别是凝练道德精神文化，本应是大学的强项。但有点遗憾，我们的大学尚未摆脱思想的贫困和贫困的思想窘境。核心理念迷失、精神堡垒失守、师德学风滑坡等，看起来只是具体的人和事，其实都与思想觉醒慢、理论自觉迟钝密切有关。往深处看，思想文化不仅有铸魂聚心、兴校强校的功用，而且有重要的立德树人功用，有服务和引领社会的独特功用。单说思想文化的引领社会功用，就可以认为，大学和大学人向社会奉献重要的管用的思想理论，不亚于甚至胜于某项具体科技的贡献率。回视改革开放前夕，我们大概最无法忘怀的是关于"真理标准问题"的大讨论，所引发的全党全民思想大解放。我们的大学教师先声夺人，为此作出了特殊贡献。理论的内核是有思想。思想是文化的制高点，新思想是高端文化的新成果。无数事实告诉我们，高校哲学社会科学研究工作者要想有大作为，必须密切关注中国乃至世界的重大现实和历史问题，使研究从自然走向实然，从理想走向实际，不可以把思想理论学术研究变成一种纯书斋的学问，变成圈内自娱自乐或孤芳自赏后的死档；一旦形成了成熟的思想理论，应敢于和善于向社会"发声"，以具有厚重感和穿透力、冲击力的思想光芒，助力政策制定和社会难题解决，展示大学高端文化的实力和魅力，为影响、改造社会效力。

当前，我们正在沿着建设高教强国和文化强国的目标而努力，加强大学文化建设也正在成为很多有良知的大学人的一种价值追求。文化是个大概念，甚至可以包罗万象，渗透在人类生活的方方面面。文化既要贴近生活，呈现大众化平民化特征；又必须有高端性，赋予人们内在的理想信念、精神向往、人文光辉。如果一个国家缺乏高端高雅文化，只剩下娱乐和通俗、甚至低俗，是很难在世界上立足的。著名作家王蒙在谈当下文化艺术问题时指出："今天我们面临着一个危险，那就是高端的东西被淹没在平庸的东西里。平庸无罪，但只剩下平庸的东西就很危险了。"平庸的大学即使无罪，也无功劳可言，还不如不存在，枉费社会资源和误人子弟。

众所周知，文化兼具精神产品和商业产品双重属性，精神产品即思想文化、特别是核心价值观，远比低级鄙俗产品文化对建设文化强国、提升国家软实力要重要得多。过度强调文化的经济效益、而忽视文化的精神生产力意义，不足取。以改革的名义，容忍劣质文化产品沉渣泛起，过度强调文化建设产业化、市场化和利润最大化，把思想精神文化逼进窄道，很可能给文化强国建设带来致命的、难以挽回的伤害。种种迹象表明，这种伤害已有苗头。大学在这方面也不应该长期保持沉默，甚至与低俗同流合污，而是要通过深入的理性求索，促进社会主体把握整体、精准定位、科学回归。大学思想文化对大学精神的形成发展和价值叩问有先天禀赋，对人类情感慰藉和人性关怀有固有责任。弘扬大学精神大致可分为两方面：自觉性和强制性。后者主要是指制定并执行科学严格的制度规范。在大学精神文化建设出现种种隐忧之时，我们还应自觉从更高层面、更宽视域对其开展有效研究和实践，从思想和道德文化建设上进一步筑牢防线、提升品位、增强底蕴和底气。

四、力戒平庸，时代呼唤有思想的大学和大学校长

思想家之敌，在于自身平庸。但凡头脑正常的人都有意识都有思想，不是想平常生活工作的俗事凡事，就是想推动社会和人类发展的大事远事。不甘于平庸的大学，就应该出能超凡脱俗的思想者。如果大学甘心让思想文化处于自生自灭状态，那不仅是一种资源的浪费，还可能失魂落魄。因此，我们应当进一步唤醒大学人对思想文化的自觉自信，时代更在呼唤摆脱平庸的思想家型的大学校长。

学堂或学府，特别是现代大学与生俱来便是生产思想文化的圣殿，不仅仅是传播思想文化、解释思想文化。孔夫子从教一辈子，不但成了伟大的教

育家，更是伟大的思想家，位列儒学先圣。之后，又有王阳明、朱熹等等，可以说中外历史上教育家扮演民族思想家的不乏先例。在现今，人们多么希望杰出的大学校长不仅是改革发展的参与者、见证人，还应努力成为思想文化产品的有力提供者。即便只从高等教育发展逻辑讲，大学校长作为大学的核心人物，其对人类社会和教育规律的深刻理解，直接关乎一校乃至跨校跨界思想理念的先进性和科学性，并且关乎事业和人的生命力创造力。在起步建设高教强国、呼唤教育思想理念创新的当下，社会和大学人更有理由期待思想家型的大学校长更多涌现。只有让懂教育有思想的人来掌管大学，才能保障大学的改革发展不偏离高等教育的逻辑和大学的正义，也才能激发所在的大学不断有新思想和思想家型的人物涌现。实践一再证明，思想理念独特深刻的校长和现代一流大学的生成生长有着高度密切的关联性。说到柏林大学，人们钦佩洪堡的开创性贡献；说起哈佛大学，人们总会油然想起艾略特40年治下该校发生的巨变；在中国，说起北京大学，大家也会对几乎奠定中国现代大学基本理念的巨匠蔡元培校长肃然起敬。这些校长所处背景环境不同，但都有一个共同特点，即具备建立在理性思维、批判性思维和开创性思维之上的远见卓识，他们以超凡的洞悉力及独到的办学思想和对真理的执着追求，引领学校跻身世界顶尖大学行列，久盛不衰，或带领学校冲出重围、率先迈入后来居上和快速崛起的发展之路，令人刮目相看并争相学研。

由此，人们不能不联想到当今中国大学的现状。经过世纪之交的快速发展，中国各级各类普通高校（含高等职业技术院校）已达两千余所，在由大变强的新征程中，数以千计的中国大学校长们，应该说都在为办好自己的大学费神操劳，有的甚至累倒病倒了仍在坚守。这种精神很有感动人之处。但若业内外追问，在众多大学校长中，究竟有多少称得上是有思想教育家型的人物？答案恐怕难以乐观。这也正是当代大学的大软肋。有相当多的大学校长把自己当成高级别的官员，除了成天陷于具体事务，不断作批示发指示，颐指气使,唯独没有或极少静下心来作深层次系统的理论思考,面对改革发展难题拿不出有冲击力的完整思路和对策,并无对教育立言立说之志。有的虽然有文章和演讲发表,大多也只是工作经验性总结,或由别人捉刀代笔,自己只是署个名或去宣读一下而已。在一些重要场合,人们听了校长发言,都会暗自发问:难道这就是中国顶尖大学校长的水平吗?实难恭维。还可以听到看到,有的自宣布其担任最著名大学校长时就在教授中引起一片哗然,在位一二届后离任了,留下的可圈可点的、可以流传的思想理念几乎仍是空白。有的著名学者(院士)任校长后,仍对其原学科专业研究津津乐道,并带研究生,但未必能想到学科专业智慧是弥补不了系统治校办学思想空虚之缺陷的。

从大学思想理论建设看,现在有一种不太好的现象,就是很多大学书记、校长、院长乃至行政管理部门的各级首长,都自我感觉特别好,过于迷恋于自我。总认为自己什么都懂、都能,都比别人高明。或者认为办教育办大学就那么点事儿,没有也不需要什么系统思想理论指导,已经产生或自己头脑固有的思想,可以一劳永逸地解决所有问题。自己不重视思想理论修养,还瞧不起别人的理论研究。结果怎样?不但不能为社会提供破解改革发展难题的思想理念,提供不出能触及人们生命和灵魂的高端思想精神文化产品,连自身的治校育人思想也搞不灵清。这样必然走不远,很难达到认识和思想高峰,只能甘于做他人思想的奴隶、侍从、鹰犬,那样,思想侏儒的帽子永远也甩不掉。对思想平庸的危害性估计不足,办学思想碎片化、断裂化、功利化、空心化,甚至陈腐化、毒气化,已成为某些大学需要特别用心防治的一大隐忧。有的大学校长虽有表述浮华繁复的思想理念性内容,但无力凝练学校科学发展的"主心骨"和灵魂,出现学校发展战略认知混乱,不识不守治校治教治学规律;有的搬功套劲十足,食古吞洋不化,失去独立思考的能力,沦为西方思想理念的复制者和老话、废话甚至鬼话的兜售者,长期超越不了照着说、模糊说的思维定势，等等。如此治教治校，必然欣赏者寡。无论是加快教育现代化、推进教育教学综合改革，还是完善现代高等教育体系、建立完善现代大学制度，都对大学管理者、特别是大学校长的思想文化修养提出了新的更高的期许。作为大学的核心人物，校长在办学中的"凝思铸魂"责任，即出核心思想理念凝聚人心、彰显大学精神振奋人心的责任，是别人不能替代的，一定要亲历亲为，惮智竭虑。

思想的平庸和贫乏，是引领不了高教或高校改革创新伟业的。中国高等教育要现代化，思想观念首先应现代化。推进大学治理体系和治理能力现代化，破解中国高等教育改革发展一系列难题，没有先进思想文化引领不成。一所大学的思想理念能否全面现代化，在极大程度上取决于校长的思想是否解放、是否开放开明、是否深邃并有整体观照。一句话，能否做到有思想的教育家校长治校。尽管现有体制和环境对产生思想家型的大学校长还有种种制约和不如意，但总趋势是在改善中，社会大环境对科学思想者的开放程度已今非昔比，以往那种只强调客观条件而忽视主观努力的思维定势也该变变了。欲想成为信息化时代有独立思想的领航人物，大学校长不但要以开明的心态，积极鼓励他人开动思想机器，开展完整系统的高等教育思想梳理和深入研究，善于汇聚大学思想文化正能量，自身更应带头超越旧思想体系的樊篱，不忍随波逐流，善于独具慧心地"自己讲"、"讲自己"和"明白讲"、"讲明白"，为改变长期来中国思想文化建设循环成分大于质变成分，特别是改变中国特色高等教育思想理论体系构建滞后被动局面，敢想敢为，奉献大智慧。拒绝庸俗和平庸，用心用情于思想文化建设，尤其是教育思想理论建树的大学校长，必将获得人们更大的尊崇。

（原载《中国特色高等教育思想体系探索》，高等教育出版社，2014年9月出版）

不屑于教学方法：大学教改抹不去的痛

摘要：没有什么时候比现在对教学方法改革的渴望更为强烈和迫切了。已成沉疴顽疾的教学方法不来一次革命性变革，难以焕发大学教育的青春活力。改革教学方法不仅直接关系着人才培养模式创新，教育质量提高，而且也是大学教育改变社会形象、树立好口碑的需要，是天理人心之所向。破解教育方法改革动力不足难题，应从转变思想观念、端正教育态度着眼。只有方法精彩，课堂才能精彩。以教学方法改革为牵引，是掀起一场大学"课堂革命"的理智选择。

关键词：大学教育，教学方法改革，课堂革命

尽管我国大学教育教学改革在不断推进中，但短板软肋仍明显存在。教学方法改革的小打小闹，甚至不屑一顾，便是大学教改的一大败笔。说此不中听的话，绝不是要否定进步，而是本着"不虚美，不隐丑"的原则，只想再次提请大家作清醒反省：已是沉疴顽疾的落后教学方法，在大学里普遍积弊太深，如深渊万丈，无力自拔，说起来人人都厌倦，却还在大行其道；重要文件和讲话每每可闻对方法的贬抑声，但也大多轻描淡写一笔带过，很少

有人花大心思并实践，成了大学教改始终挥之不去的心头之痛。实践与理性都在不断警示：不进行一场教学方法的革命性变革，不足以搬掉阻碍人才培养质量提升的一大屏障，不足以焕发大学教育活力青春。

一、流弊久远深广的旧教学方式方法严重影响办学生气活力、阻碍大学人才培养质量提升

在中国，大学教学方法遭内外诟病由来已久，甚至称得上是模式僵化百年未变之困局。远的不说了，即使是"文革"结束被公认为办学开始走上正轨之后，对教学方法的不满之声也从未间断过。笔者清楚地记得，为庆贺"文革"后第一届大学生毕业，时任教育部部长蒋南翔亲自主持召集北大、清华、北师大等大学的应届毕业生代表进行座谈，既分享喜悦，又听取毕业生对进一步办好大学提高人才培养质量的意见建议。现今已是国务院总理的李克强，当时作为北大法律系应届毕业生代表，在会上作了《教学中理论与实践脱节的状况应当改变》的发言，他在肯定学校教学秩序正常化和重视基础理论训练等取得可喜变化的同时，着重对"学校教学崇尚空谈之风气较盛"[1] 提出了批评。李克强指出："这种风气在我们所受的四年教育中都存在。直至最后作毕业论文，文科的学生一般也关在图书馆里，阅读书籍，查看资料，在此基础上进行逻辑推导，教师出的题目多是'意义、作用、评价'之类的，……从理论到理论，颇有些像坐而论道。"[1] 他认为，用这种方法培养学生，是难以全面适应"四化"建设对人才需求的，所以他呼吁对这种"把理论与实践截然分开的偏向"不能不引起注意 [1]。

作为一名尚未离校的大学生，有如此体悟和见地，令听会者频频点头。时隔三十余年后，北大的教改取得了新进展，如育人条件和环境不断改善、师资整体水平高、试点小班制教学（或大班上课小班研讨）等，但整体而

言，仍是旧方法旧模式占主导地位。两年前，北大哲学系有位教授曾对北大本科教学较普遍存在的"四多四少"状况深表忧虑，即"学生上课多，自学少；进教室多，进图书馆少；读教材讲义多，读名著原著少；被动接受多，主动钻研少"。绝非庸人自扰，这样的教学方法、培养模式真的是很难实现全面提高教育质量目标要求的，也与一流大学应有一流育人模式的追求相去甚远。

中国最顶尖的大学尚且如此，其他一般大学对教育教学方式方法抱残守缺更是见怪不怪，比比皆是。除了理论与实践脱节还在加深外，几乎所有的地方高校和民办高校仍然津津乐道于老师大班上课，照本宣科，单调乏味，即使有的老师用了PPT，也只是课本内容的机械搬运，由黑板换成电脑屏幕，知识和智慧的传授还是生吞活剥的灌输，甚至是强硬灌注，恰似高压注射器注水入体，浮肿不止；学生被动接受似器皿，不经咀嚼不知其味，消化不良，虚胖残弱，个性化思维、好奇心广受压抑。特别是"应试教育"上传至大学以后，有些教师更是把考试的功利功能不断放大，用考题和考分的武器对付不听话的学生；很多学生也只为得好分和混文凭而学，热衷于书本知识或标准答案的死记硬背和考试技巧的获得。他们背诵了一大堆被灌注的用来应对考试的现成概念、名词和术语，养成了不用独立思考、不会提问更不会分析和解决实际问题的坏习惯，对社会实践和真实世界的感知、反思和理性判别，几乎茫然一片。

偏死的教学方法引导偏死的学习方法，直接制约着学生思辨能力和创新意识、创新能力的培养，还可能使价值观教育被边缘化，甚至自觉不自觉走向反面，即学到了被扭曲和误导的思维定式或价值观念。面对这种困境，有识之士从未忘记过呼吁，早在七八年前，时任中国高等教育学会会长周远清教授就尖锐地指出："没有什么时候比现在对教学方法改革的要求更为迫切、更为强烈了。如果大家天天讲创新、讲创新能力培养，而丝毫不去触动在人才培养中扼杀创新能力、创新知识的教学方法，那就等于自己骗自己。"[2]笔者也曾配合这些呼声作过分析：教学方法的变革，不仅直接关系到培养模式的创新、培养质量的提高，而且也是大学教育改变社会形象，树立好口碑的重要看点；不善用科学方法施教的老师是可悲的；不能享用先进教学方法的学生是不幸的；大多数教师教学方法落后的大学也难能生机勃发[3]。呼吁归呼吁，但教改实践中并未引起足够重视，对旧方法仍然是恋恋不舍者众。

二、不屑于教学方法改革是落后办学思想观念在作祟，是对学生和教育态度出了问题

大趋势，不可逆；患疾久，治更迫。近七八年以来的世界景象又不大一样了。现如今，知识更新的速率、信息技术和智能技术日新月异的势头，远远超出了人们的想像和预期，它给人类带来的认识世界和改造世界的动力巨能，更是大大超出了历史上任何一个时期，若干年后的世界会发展变化成什么样子，仅用今天的知识和眼光是难以精确猜想和理解的。随着网络和数字技术裂变式发展，大学师生都已拥有非常便捷的渠道获取浩繁的知识和信息，或者说传播和获取信息的路径正发生翻天覆地的变化，"知识储备箱"式的人脑，已轻而易举地被"信息储存器"电脑所取代。学生学习面临的最大困惑已不是能不能快捷获取现成知识和信息，而是会不会从知识海洋中去伪存真、去芜存菁，获得发展和创新受用的信息，不让未经选择评估的伪信息和过时的知识塞满头脑而成为"负资产"[4]。

在这样的大背景下，我们的大学如果还在固守"以教师讲授为中心"的专业化教学模式，还不能改变理论与实践严重脱节的状态，还停留在以学生通晓考试为单一质量标准的阶段，不能明确以学生全面发展为主旨导向的教改路径选择，那真的是太不识时务了，甚至令人悲催。难怪我们在很多大学

仍能痛心地看到，那里的课堂教学处于惨淡经营中，学生要么逃课，要么在教室里做低头属，或玩手机，或昏昏欲睡，或三三两两咬耳朵讲笑话等等，没有几个在认真听老师讲的。这在一些大学的思政课和概论课课堂尤为突出。把板子打在学生身上，斥之为学生有厌情绪等，显然不公平，根子还是教学方法和内容太不合时宜，培养模式不能与时俱进。请听听学生怎么说的吧："没有不想听的课，只有硬生生讲得无聊的老师""无聊课常有，而精彩得法的好老师不多见"！

方法问题小瞧不得，大政方针和战略目标确立之后，采取什么方法和路径就成为实现目标的关键选择，甚至关乎成败。方法问题也不仅仅是功倍事半或功半事倍那么简单，它更是思维能力和思想方法问题，是理念和观念问题。人类发展史上，因行事方法失误而导致的伤害，乃至满盘皆输的深痛教训枚不胜举。上世纪五十年代，毛泽东同志曾亲自操刀起草过《工作方法六十条》，把工作方法提到了认识论和实践论的高度，认为工作方法失策的背后，往往是思想观念和思想方法误导在先。信持什么样的理念，就有什么样的行事方式和为人心态。今天的大学中存在的陈旧僵化的教育教学方法，说到底就是陈腐落后的办学思想观念在作祟，是对学生感情和教育态度出了问题，是师生观，教学观、质量观更新迟缓带来的一种落寞，是没有切实贯彻"育人为本"、以学生发展为第一要务等基本理念所酿的苦果。物障事障术障易除，唯心障即思想障碍最难除。思想不觉悟，心障形影随，破题无绝期。如果大学和教师的教育思想观念不转变，教育态度不端正，什么样的先进技术都可能换汤不换药难有质变，教学方法改革动力不足的症结也不可能解开。

大学因学生而存续，因能扛立德树人之责而有教师位，大学教育工作的立足点不围着学生成人成才转，那要围着什么转？这方面，美国教育改革的思路和聚焦点很值得我们研究。当年小布什总统任内推出的教育法案叫做《2001 年一个都不能少法案（NCLB）》，改革的关键词是"问责"，目的是不让一部分后进学生掉队。奥巴马总统上台后，同样高度关注教育改革问题，根据新情况，他把目光投向了如何在"救济后进"与"保护优秀"之间的平衡上，直至 2015 年 11 月，在他的推助下，国会通过的新教育法案题为《每一个学生成功法案（ESSA）》，目的在于促进教育公平和质量普遍提高。由总统亲自推动、国家立法形式确立的教育法案都直接把学生权益、学生发展作为出发点和立足点，真正体现了美国教育以学生为中心的价值信念。在中国，纵然国情不同，体制问题突出，高等教育改革要花更大力气清除体制等外围障碍，自然有其重要性和必要性在；但总不能老是将学生发展和教育教学问题放在可有可无的从属地位，至少不应以体制改革掩盖甚至取代教学改革。尤其是大学内部的改革，总是远离提升育人水平、教育教学质量而言它，久而久之，使改革陷入空谈玄谈和虚晃空转的境地不是没有可能。这样的高教改革、大学改革，让学生、家长和社会很是看不懂，很难对你投信任票。

记得知名学者梁漱溟说过：人类犯错误分两种，一种是知识方面的错误，一种是行为方面的错误。能正确认知很不易，但知而不行等于未知。经过长期的积累和求索，关涉大学教育科学方法的理念，有的已经很成熟成为经典，如学思结合、知行统一、因材施教等，都已载入国家教育规划纲要。有的也已浮出水面基本形成共识，如有学者概括的几个转变，即由以教师为中心向以学生为中心转变，由齐步走范式教学向个性化多样教学转变，由单向知识交流向多向信息交流转变，由注重现成答案向注重过程训练转变，由知识点单一考查向能力素质多元评价转变，等。如果都能沉下来真心实意去践行科学先进理念，中国的大学人才培养质量就能大改观，与社会期盼的高素质适用人才的差距就可显著缩小。现在的问题恰恰在于不少普通高校和教师一味追捧"顶尖""杰出""卓越"等高大上的概念，端着架子目光只盯天花板，故弄玄虚玩深奥，自命不凡，而对实现提质直接关联的方法、模式创新等基础性工作漠不关心，看不清自身还存在的致命弱项和忧患所在，陷入

"祸患常积于忽微"的漩涡不能自救。很多高教工作者都把教学方法看作是枝节性的小问题，对方法改革不屑一顾，甚至嘲笑关切方法是不懂抓大事的徒劳无功之举；或内心虽也认为方法问题不应小觑，但行动中遇到困难矛盾和阻力就绕着走，踟蹰不前，致使不少大学课堂教学还是死水一潭，了无生机，创新意识和精神被窒息，不仅学生厌倦，教师茫然，提质乏力无助，而且倍受社会责难，信任度递减，生源流失，有的甚至办学危机初现。

"道虽迩，不行不至；事虽小，不为不成。"（荀子语）真正懂行的教育家，是绝不会轻忽教学方法问题的，有担当、负责任、爱学生的大学教师，也不会不思自身是否运用了科学态度和方法。有位大学教育学院院长在与笔者交流时说：以科学方法施教是教师的本分本能，也是师德的重要体现；讲课应付、缘木求鱼、施教不得法还心安理得，那是愧对学生、有损阴德的事情，甚至是对履行立德树人崇高使命的叛逆。诚哉善哉，对有这样认识的教授，太应该点赞了！痛定思痛，从更新思想观念、端正为学从教态度入手，破解我国大学教育教学方法百年未变之困局，真的不应再麻木不仁了。教育教学方法是观察一所大学一个专业一位教师教学水平和青春活力的重要窗口。方法变，活力增，气象新，众口赞，有引力，何乐而不为！

三、以教育教学方法大变革为牵引，掀起一场大学"课堂革命"

补短板、精准发力、创新驱动，这是当前舆论界流行的几个热词，其实就是有力有序有效推进改革的重要思想指针。在大学，凡是不利于学生成人成才的，凡是阻碍人才培养质量提升的，我们都应当改革，而且应该作为紧迫的核心改革，其他的改革都应围绕或服从服务于此。这才是符合大学发展逻辑的改革，才能谈得上精准发力的改革，才可防止和克服将改革举措手段当作改革目的的奇怪现象发生，才会让全体学生对改革有更多的获得感。

在 2016 年全国教育工作会议上，教育部部长袁贵仁讲到的一段话非常引人注目："要创新教学内容和方式，深入掌握不同阶段学生必须具备的基本知识和能力、必须形成的核心素养，深化教育改革，提高教学水平，掀起一场'课堂革命'，为大众创业、万众创新提供有力支撑。"[5] 这是将教育改革引向纵深、更接地气的重要信号和庄严承诺。笔者认为，中国大学最不讲究最缺失的就是课堂魅力，方法致死，大学的"课堂革命"首要的是方式方法的大变革，包括广泛优选优制优用慕课和翻转课程、推进教学信息化常态应用等，但又不仅仅限于此，更重要的还在于思维方式和观念的转变，在于教与学角色和组织结构形态的变革，还包括考查评估方法的创新、教学文化建设等。以教学方法改革为牵引，不仅是大学敬畏教书育人、落实人才培养模式改革是核心的理念的重要内涵，而且是一项称得上补大短板、让学生接受有质量的教育的迫切改革，是能够牵一发动全身的理智选择。万马齐喑究可哀，方法力量很神奇。只有方法精彩，课堂才能精彩。课堂精彩了，内容精彩也不远了。道理就这么简单。

很多人心里其实都明白，方式方法改革不仅能激发大学办学生机活力、激发学生创新意识、创新创业精神等内在需要，而且是能普惠学生、让全体学生分享改革成果的最直接最有效的重要抓手，是"天理人心"之所向。掌握好方法，学生将终身受益，任凭世界千变万化，任凭知识和技术更新再快速，好的学研方法习惯在身，就能游刃有余，立于不败之地。一所大学，当面上的教学改革久久难以有起色，陷入苦闷之时，用信义和诚毅从方法改革突围，或许能收到牵一发而动全身的功效。这在国际上是有非常成功典型先例的，而且是发轫于人们都很敬仰的美国哈佛大学。

据有关报道，上世纪 70 年代后期，哈佛大学为重振本科教育，在时任校长博克的带领下，开展了一场持久的影响深远的教改实践。当时在选择以什么为突破口的问题上，全校教授中分歧很大，几乎所有人都认为应以课程内容为先，就是重新审视教给学生什么东西是第一位的。在不少教授看来，像哈佛这么优秀的学生，课程内容选好了，你怎么教他们都能学会学好。但是，博克校长不这么看，他以教育家校长的慧眼与勇气，力排众议，第一个提出了本科教学方法重于课程内容的理念 [6]，竭力主张这次教改要把解决"教师如何教学生的"放在首位，其次才是课程内容更新。他坦然告诉大家，他的这个主张和理念是基于他的长期观察思考，并从他亲自领导做的一项调查研究——"学生到底学到了多少东西"中得到的：他说这次特意提请大家首先高度关注"教师怎么教"和"学生怎么学"，不为别的，就是要让哈佛的教学模式"来一次根本性的转变"，即由原来那种以教师为中心、基于讲座式的体系向一种学生为中心的、主动学习的方法转变。

博克坚信，这将是一个巨大的转变，不仅对哈佛很重要，对美国乃至其他国家的教育也很重要。空谷足音，认准了就得干！多年后，随着改革效果的显现，教授们逐渐承认了自己当初的想法错了，对博克校长的魄力和独特贡献深表钦佩。时至今日，博克的这一理念和主张更加深入人心，越来越多的教授自觉运用新的以学生为中心的教学法，用心用情引导学生运用各种方法学习和理解所学内容，还把所学知识应用到其他情境中，大大激发了学生的好奇心和主动学习精神，达到了知识内化为能力和素养的要求，并由此使哈佛乃至美国高校迎来教学模式上的巨变。这不正是中国的大学所要苦苦追求的吗？但愿中国大学的校长及教授们能从中得到感悟和启迪。

致良知，尽教义。反思我们的大学，普遍失策于教学方法和培养模式创新所尝的苦果已太多太久，问题一旦成了普遍，成了合众皆有的心头伤痛，再小也会转化成大事体，亟需集体聚焦和关切，合力攻关。当今世界超一流大学有一种回归和重振本科教育的动向，把办最好的本科教育作为重要着力点。中国大学的校长院长，一定要保持头脑清醒，在把兴奋点放在争进"双一流""转型""升格"等热点时髦问题时，千万不可遗忘抓好"培养什么人"和"怎样培养人"这一最基本的正常性工作；不可以只活在高大上和美虚空的口号中，而是要放下架子或身段好好关心观照一下"教师怎么教"和"学生怎么学"那样的常识性常规性问题。公道自在人心，学校整体教学方法和育人模式是否充满活力，是丈量其办学水平和教育质量的重要标尺，坚定变革和创新育人方法和模式也是创一流、促转型等题中应有之大义。纵使方法模式问题在一些人心目中是枝节小事，但来一个良心发现，为了对学生负责，为了补教改软肋大短板，知时识势，聚心智，拉满弓，早出发，盯落地，尽快开展一场以小见大的方法问题专项大改革，一扫长期笼罩的旧教学方法阴霾，以期收获投入相对较少而见效大且广的功用绩效，也是必要和可能的，而且会是泽及众生、功德无量的善举。

参考文献：

[1] 李克强. 教学中理论与实践脱节的状况应当改变 [J]. 高教战线，1982（2）

[2] 周远清. 加快建设高水平大学的高等理科教育体系 [J]. 中国大学教学，2007（1）

[3] 浩歌. 提高教育质量：亟待教学方法大改革 [J]. 中国高等教育，2007（3）

[4] 程星. 钱学森之问的误区 [J]. 中国高教研究，2016（1）

[5] 袁贵仁. 以新的发展理念为引领 全面提高教育质量 加快推进教育现代化 [N]. 中国教育报.2016-2-5

[6] 曲铭锋，龚放. 研究型大学"教育家校长"的专业素养——对哈佛大学前校长德里克·博克的个案分析 [J]. 高等教育研究，2014（8）

（原载《决策与信息》2016 年 3 月上旬刊）

消除方法赤字　全面提升人才培养能力

　　当前，全国高教界都在深入学习贯彻习近平总书记在全国高校思想政治工作会议上的重要讲话精神。总书记的这个重要讲话，对高等教育的使命、地位、本质、根本任务等的论述，立意之高远、内涵之丰富、思想之深刻、期待之殷切，是前所未有的、是空前的；对高校育人工作、思想政治工作的重大指导意义、或高教理论和实践的引领意义，是无与伦比的，是一篇如何办好中国特色社会主义高等教育的纲领性文献。

　　如何将总书记的重要讲话精神全面学深学透、如何贯彻落实在工作实际和行动中，大家都在努力求索中。教育行政部门和各高校也都采取了不少有力举措，办学习研讨班、制订落实规划方案等，并取得初步成效。但还远远不够，有的抓不住重点，只做表面文章，令人遗憾。

　　在全面学习领会、贯彻落实总书记讲话中，还有一个重要着力点，应当引起我们特别关注。那就是总书记特别语重声长指出的："高校立身之本在于立德树人。只有培养出一流人才的高校，才能够成为世界一流大学。办好我国高校，办出世界一流大学，必须牢牢抓住全面提高人才培养能力这个核心点，并以此来带动高校其他工作。"

我认为，这才是指导我们如何办好大学，如何落实立德树人根本任务，如何全面提高人才培养质量、或教育质量的关键所在！我国过去总讲这个能力、那个能力，就是想不到人才培养这个核心能力，就是想不到提高人才培养质量的核心是提高人才培养能力。

这就是我今天抓这么个话题来跟大家交流的原因。我觉得，这是把总书记讲话精神落到实处的需要，出发点是要更接地气！不抓这个核心点，就可能又会陷于空谈。

那么，全面提高人才培养能力靠什么？靠提高治理能力，靠教师育人能力，都不错，但绝对又要靠改革创新。治理能力、教师育人能力的提高，离开了改革创新是不可能的。

关于教育教学改革，我们多年来一直都在探索，并取得一定成效，但社会的认可度和反响、学生的获得感并不太明显。为什么？因为，我们的人才培养模式、特别是育人机制、方式方法仍是陈旧的、僵化的，没有根本改观。所以，我们要找新的突破口。在哪里？我认为，在于创新人才培养机制，在于培养方式方法来一次革命性变革！

一、全面提高人才培养能力呼唤消除方法赤字

习近平总书记在刚刚胜利召开的"一带一路"高峰论坛中指出：和平赤字、发展赤字、治理赤字，是摆在人类面前的严峻挑战。受此启发，想一想我们的高等教育是不是也存在不少赤字，治理赤字、创新赤字等是不是存在！还有"方法的赤字"，更是由来已久，成了高教改革始终挥之不去之痛，成了人才培养模式陈旧落后，人才培养机制刻板僵化的重要表征。

很多人认为，教育教学方法是枝节性小问题。甚至有人认为抓方法是不懂抓大事的糊涂虫。

我却认为，方法一变活力来，没有什么时候比现在对育人方法改革的渴望更为强烈和迫切了。已成沉疴顽疾的教育教学方法不来一次革命性变革，难以焕发大学教育的青春活力。轻忽教育教学方法的教师，成不了好教师，更谈不上是教育行家。

我们的大学在教育教学方法上，亏欠学生太多了，应该作深刻反省。打不好方式方法上的翻身仗，全面提高人才培养能力，就会落空，或者就是虚假的。

二、育人方法问题是教育理念问题和教育态度问题

有学者说过，人类犯错误，有两种，一种是知识方面的错误，另一种是行为方面的错误。正确认知不容易，但知而不行等于未知。行为方面的错误，往往与选择什么方法有极大关系。战略目标和大政方针明确后，采取什么方法和路径就成为实现目标的关键选择，甚至关系成败。人类历史上，因行事方法不当而前功尽弃、甚至满盘皆输的先例很多。

上世纪五十年代，毛泽东同志曾亲自操刀，起草过《工作方法六十条》，他把工作方法提到认识论和实践论的高度，认为方法失策的背后，往往是思想观念和思维方式误导在先。

今天的大学中存在的陈旧僵化的教学方法、治理方法，说到底是陈腐落后办学思想在作祟，是对教育的态度和对学生的态度出了问题，是教学观、师生观、质量观更新慢的直接后果。

很可喜的是，育人方法问题已引起教育行政部门和领导的关切。教育部长陈宝生前不久在成都考察时要求，贯彻落实总书记讲话，提高立德树人和高教工作水平，要从学理上、体系上、方法上着力。强调要高度重视教育的思想和思想的教育，教育的使命和使命的教育，教育的行为与行为的教育，

教育的方法和方法的教育。

教育部社科司制订的关于贯彻落实总书记讲话精神，加强和改进高校思政工作的文件中有两个词，叫"理清路子""开对方子"，我很赞成，我想再添一个词"找准法子"。这样"三子"，应该更完整。就是说，新时代，需要新思路、新机制和新方式方法。以方法大变革促人才培养能力大提升，正当其时。

三、创新育人方法，提高育人能力，应从"教师怎么教""学生怎么学"和"管理者怎么管"寻求突破

在宣传上，我们理当找亮点，把亮点展示出来，展示给社会，以此提振信心；但在工作上，在抓改革上，要找问题、找不足，找短板在哪里。我国的高等教育，有自己的特色和亮点，重视打知识基础，知识的系统教育等，但方法落后，课堂沉闷，照本宣科、满堂灌绝对是我们的一个死结，还在占教学主导地位。

在信息化社会，在互联网普及的今天，还在固守旧方法，旧机制，旧模式，是不是太落伍了？我们天天在喊创新，在喊培养创新型人才，连还在扼杀创新思维、创新精神的旧方法都不去触动，是不是自欺欺人？不讲究方法，何谈能力强、水平高？思维方法、工作方法，是能力集中体现。

所以，我们一定要在提高教师育人能力上狠下功夫，切实解决好"教师怎么教""学生怎么学"的问题。同时还应好好反思"管理怎么管"的问题，切实做到以学生为中心、育人为本，而不是以教师为本位、管理者为本位、为中心。管理要围着学生成长转，而不是让学生围着管理转。不能只要求学生进步成长，还应问一问管理者是否在不断进步成长。

总而言之，一句话：做好高等学校任何工作，特别是育人工作，都要有

纲、有魂、有根、有法。前三项都有了，但没有好办法，不讲究科学方法，结果都不会理想，甚至会前功尽弃。学生思政工作成败既在内容，也在方法。内容确定后，方法见分晓。方法僵化，能力低下！信不信由你！

（本文系作者于 2017 年 5 月 17 日在中国高等教育学会学生工作分会年会暨学习贯彻习近平总书记关于高校思政工作重要讲话研讨班上的致辞摘要，首次公开发表。）

关于认清高校学科建设发展逻辑的思考

我们高兴地看到，改革开放以来，江苏的高等教育现代化步伐一直走在全国前列，为全国提供了许多加快高教改革发展的实践经验和理论成果。这与江苏省高教学会的有效组织及各理事和理事单位的共同努力是密切关联的。

江苏省高等教育学会创建于 1985 年，是全国高等教育学会系统内建立较早、学术较繁荣、服务较全面、活动较频繁、影响较广泛的省级高等教育学会。30 多年来，江苏省高教学会始终坚持以马克思主义、中国特色社会主义理论和习近平总书记系列重要讲话精神为指导，坚持学术立会、服务兴会、规范办会、合作壮会，担当起江苏高等教育实践与理论研究的主力军，成果丰硕、影响广泛！江苏省高教学会自成立之日起，坚持举办一年一度的学术年会，搭建具有品牌价值的学术平台，在全省乃至全国高等教育界形成一次盛会。这次会议的主题是"高等教育现代化：学校内涵发展与学科专业建设"，这在当前是十分有意义的。

学科是大学的细胞，提升学科建设水平，是大学创新发展、提高核心竞争力的战略主题，是促进内涵式发展、可持续发展的内驱动力。一个时期以来，我国大学受扩张冲动影响，存在盲目增列学科点、重布点轻建设的现象，学科因人而设，或由于合并使相同学科并存的情况也不程度存在。建立学科和学位点退出机制、动态调整机制势在必行。今年 10 月，国务院学位委员会发布了《关于下达 2016 年动态调整撤销和增列的学位授权点名单的通知》，25 个省份的 175 所高校撤销 576 个学位点，包括博士学位点；178 所高校增列 366 个学位点。尽管不是第一次撤销学位授权点，但这次学位点的一增一减，在"双一流"的竞争和压刀下，引起了社会各界的普遍关注，也使得我们这个年会的主题十分应景！在此，我想就这个主题再谈几个观点。

第一个观点：要认清高校学科发展逻辑，避免学科建设方向迷失。"立德树人"是高等教育的立身之本，学科和专业作为高校的细胞和基层组织，理应不能将自身发展置于"立德树人、育人为本"之外。在实施创新驱动发展战略青景下，高校学科建设发展的基本逻辑和重要特征是：人才培养、科技创新、技术转移转化、高端智库建设、创新创业教育等功能的集成。请注意：培养创新人才、尊重人才发展规律和提高培养质量，仍是第一位的任务，就是要使学科人才培养体系更加完备、学术研究有更境界。现在，很多高校都在喊"以学科建设为龙头"，本意在于高度重视学科建设，提高学术水平。但在现实中，却导致了两种偏向：一是有意无意远离了学科人才培养体系的系统性改革，淡忘了如何更有利于提升培养质量问题，把在学科专业体系中的排名作为要追求目标，学科建设以多拿各种项目、多发论文为主要标准。这实际上就是人们经常批评的"重科研轻教学"的源头。二是存在着将"科研""发论文"等同于"创新"的认识误区，不善于将科研工作深度融入国家创新链和产业链，不重视科教融合及校地合作、校企合作、国际合作、网络协同，重复化、碎片化、个体化研究倾向明显，成果评价过度看重论文，忽视转移转化和实际应用，提升自身创新能力和推动社会创新驱动发展水平还不高。学科自有痴情者，莫叫痴心方向偏。各高校，特别是学科带头人，对此应有所警觉，不有效克服这些偏颇，高校学科建设发展就会有迷失方向之忧！要知道，高校发展规律与办学规律是有联系又有区别的，不要将二者混为一谈了！最要紧的，就是提醒高校在谋划学科建设中，再也不能目中无"人"了，这个"人"就是学生，就是要把怎么有利于育人放在突出的位置。

第二个观点：要打破传统学科思维，把调整优化学科和人才培养结构作为高校改革的紧迫重要任务。从高等教育发展的普遍规律和国际经验来说，高等院校不能办成"千校一面"，不同类型、不同规模的高校在不同的层次和领域争创一流，形成各自的特色，从而满足不同教育者的多元需求，才是高校发展的应有之义。2015 年，我国各类高校数量已有 2852 所，到 2020 年，我国高等教育毛入学率将达到 50% 或更高水平。我们仅用 20 年时间，就实现了从精英化教育向大众化教育、再到普及化教育的"两级跳"，了不起。但前期这种快速发展所带来的内部结构性矛盾也日益突出，与经济结构战略性调整和创新驱动发展战略严重不相适应、不相一致。如何优化高等院校的类型结构、合理高等院校的学科布局，是今后高教改革与发展的重大议题之一。学科和学位授权点打破"终身制"，按照市场需求、办学实力和学校特色，有进有退，让研究型大学、应用型大学根据自己的层次、特色发展各自最有竞争力的学科门类，是高校分类管理、分类设置、分类发展的大势所趋。学科和学位授权点的调整，也是高等教育在资源配置和人才培养方面实现"供给侧改革"的重要体现。一方面，学科建设需要大量人力、物力投入，盲目扩张不仅会造成资源的浪费、导致产能过剩，也是对学生的不负责任。学校根据自身办学定位和办学定力，撤销学位点意味着向优势学科的集中，以实现办学回报的最大化。另一方面，目前我国应届毕业生就业市场"结构性矛盾"突出，高校毕业生找不到专业对口的工作，而用人单位则招不到适合的人才。高校专业是人才供给的重要环节，存在类型设置滞后于时代步伐、人才培养质量跟不上社会需求等问题。大幅度调整学位点正是改革的着力点，通过优化高校学科布局，引导高校走内涵式发展之路，才能为社会输送更多合格、适用的优秀人才。

第三个观点：健全学科退出机制和学位授权点的动态调整机制，是高校办学自主权的进步。值得注意的是，这一次动态调整中，不乏高校选择主动撤销学位授权点。对一些高校来说，与其被评估为"不合格"而"被撤销"，倒不如争取主动；与其发展一些没有优势的学科，倒不如集中优势资源办好一些特色鲜明、优势明显、质量有保障的学科，更好落实高校办学自主权。国家根据学位点的强弱配置资源，高校的发展思路也改为走内涵式发展道路，有所为有所不为。但我们也发现，有的高校在调整学科和学位点时也存在某种不纯动机，为了争名次而不顾学术生态发展，盲目撤并一些虽还不强、但有现实需要、长远发展又很有希望的学科或学位点，如撤并教育学院或削弱高等教育研究机构等。这对学校整体可持续发展未必合理和有利。高校拥有学科专业调整自主权，是一种进步，用好自主权更是一种成熟。无论是研究型大学，还是应用型大学，无论是基础学科，还是应用技术领域，都不应被现有学科专业体系中的排名牵着鼻子走，那样的话，就可能失去前沿学科、新兴学科、交叉学科、有需求有培养前途学科的发展机会，就难以服务和引领国家创新驱动发展战略之需，就难以适应和推动经济社会发展。所以说，高校调整学科专业，既要做好"加减法"也要做好"乘除法"。

此次江苏省高等教育学会的年会论文汇编，收录了大量来自一线教师对学科专业人才培养和教育教学改革的思考，让我深受启发、感到振奋！"提高高校教学水平和创新能力"是上至中央、下至百姓的呼唤和企盼。而我们高等教育战线的同仁，正以此为目标，身体力行，为建设高教强国和高教强省献智献力！

（本文系作者于 2016 年 12 月 9 日在江苏省高教学会第七次会员代表大会暨学术年会上的讲话稿摘录，为首次公开发表。）

顺时应势发先声　强教立论启后昆

——浅评《建设高等教育强国》系列论丛

在《建设高等教育强国》系列论丛首发之际，正值国务院发布《统筹推进世界一流大学和一流学科建设总体方案》。国务院的《总体方案》明确指出："到本世纪中叶，一流大学和一流学科的数量和实力进入世界前列，基本建成高等教育强国。"这一令人振奋的战略目标和时间表的确立，着实让本系列论丛的研究者们兴奋不已，感慨万千。作为作者，他们有理由更加感到，参与这项具有前瞻性的重大课题研究，是非常有意义的和值得自豪的。作为读者，拜读了该论丛展示的六本专著成果后，不能不由衷地感佩：这是高教理论研究领域又一项顺时应势发先声之壮举，开了建设高教强国系统理论探索的先河。

一、适时开启建设高教强国系统理论研究大幕

展现在读者面前的这套由高等教育出版社出版的《建设高等教育强国》系列论丛首批 6 本专著（《建设高等教育强国》《建设高等教育强国的意义与使命》《做强地方本科院校的理论与实践研究》《中国高等教育质量与水平研

究》《做强省域高等教育研究》《教育理念创新与建设高等教育强国》），是由中国高等教育学会率先组织的重大研究项目，并先后被列入"教育部哲学社会科学研究 (2008 年度) 重大课题攻关项目"和"国家社科基金'十一五'规划 (2008 年度) 教育学重点课题"研究成果的一次集中展示。这一以《遵循科学发展 建设高等教育强国》为总命题的重大研究项目，在中国高等教育学会名誉会长周远清、会长瞿振元的悉心组织领导和具体指导下，集聚一批国内资深又热心的高等教育专家学者，紧密结合我国高等教育和经济社会发展大趋势，重点围绕"什么是高等教育强国""为什么建设高等教育强国""现有基础能不能建设高等教育强国""怎样建设高等教育强国"等一系列理论与实践问题，用心用情开展研究、奉献智慧，堪称开启我国建设高等教育强国系统理论研究帷幕的先行者。

风，起于青萍之末。如果说对"强国必先强教"的理念，多数人不会有大歧义的话，那么在新世纪之交我国刚刚迈入高等教育大国门槛之时，就提出"建设高等教育强国"的概念，分歧就来了。"为时过早""自不量力"等是怀疑者和否认者的主要说辞，将其作为笑话者为数不少；高教学术界探讨此话题的底气似乎也不那么足，尽管自发零星分散的研究已有一些。国运昌，高教兴。进入 21 世纪以来党和国家持续贯彻落实教育优先发展和人才强国战略，强力支持若干所大学创建世界一流等举措，使我国高等教育发展实现了历史性跨越，迈出了由人口大国向人力资源大国转变的关键性一步；一批高水平大学和重点学科实力进一步提升，缩小了与世界高等教育强国的差距；现代高等教育体系建设逐步清晰。渐渐地，一些深谋远虑始终高度关注我国高等教育发展走势的专家学者们觉得，适时提出和创造条件开展促进高等教育强国建设的研究时机已经成熟，特别是服务于决策的开展系统的学术和理论研究已经等不得了。

时间进入 2007 年，时任国务委员的陈至立同志在教育部直属高校工作咨询委员会第 18 次全体会议上发表题为《以提高质量为核心 努力建设高等教育强国》的讲话，对建设高等教育强国的既有条件、战略意义、基本思路和战略重点等进行了全面阐述。很多专家学者认为，陈至立的这个讲话，广泛吸纳了当时人们提出的以提高质量为核心、加快从高教大国向高教强国迈进步伐的意见建议，既代表了当时的认识高度，又对今后开展相关研究具有重要指导和启示意义。所以，本系列论丛编著者在征得陈至立同志同意后，将讲话稿作为本专著的总（代）序，立此存照，还原历史记忆。

总（代）序明确指出：应从夺取全面建设小康社会新胜利的大局和实现中华民族伟大复兴的高度出发，认识建设高等教育强国的重大战略意义。并以"五个必然要求"来加以概要论述，即建设高等教育强国是建设人力资源强国的必然要求；是走中国特色新型工业化道路，加快我国现代化建设的必然要求；是落实人才强国战略，增强我国综合国力和国际竞争力的必然要求；是建设社会主义先进文化，推动文化大发展大繁荣的必然要求。总（代）序同时指出：建设高等教育强国是一项长期艰巨的历史任务，也是一项系统工程，必然要脚踏实地，坚持不懈，长期努力。怎样才能真正成为高等教育强国呢？作者也给出了重要的原则性描述："这样的高等教育，将是培养和造就世界一流科学家、思想家、科技领军人才和一线优秀人才的摇篮，将是科学研究、知识创新的重要阵地，将是推动科技成果向现实生产力转化，解决国民经济重大战略问题的重要力量，将是推动文化大发展大繁荣的坚强阵地。"气可鼓而不可泄，虽然中国高等教育离这样的要求差距甚远，但只会望洋兴叹总不成。知耻而后勇，只有发愤有为，才谈得上追赶，直至超越。

历史在续写，时势在大变。从 2008 年本课题立项至今，又过了 7 年。依据这些年的高等教育新发展、新改革、新变化、新格局和新态势，本课题的研究者们，不虚不妄，有理有据，理性探析，明确认为："建设高等教育强国与'两个一百年'的奋斗目标是同步的，即到新中国成立一百年时，我国应跻身世界高等教育强国的行列。"就是说，凭着现在已有的良好基础和发展势头，只要上下内外齐努力，特别是倾力加快改革和发展步伐，"从现在开始到21世纪中叶实现建设高等教育强国目标"，是可能的，迟疑不得的。这与国务院新近发布的关于"双一流"建设《总体方案》提出的到本世纪中叶"基本建成高等教育强国"的光荣任务和时间表，是多么惊人地吻合。这不仅仅是一种机缘巧合，而且可认为是言之有理有据，并非空穴来风、任凭臆断的互为印证。它更加郑重地表明，建设高等教育强国已由学界自发自觉的研究行为上升到了国家发展战略，成为国家意志和全国战略任务。看到这样的学术成果，本论丛的研究者和作者们，是有底气大觉欣慰和兴奋的。读者自然也能从中分享喜悦。

二、用心构筑建设高等教育强国理路基础

"遵循科学发展 建设高等教育强国"项目研究，聚集了全国高等教育研究领域众多权威专家，研究队伍庞大，各子课题研究负责人近百名，参与院校150多所，参研人员1500多名。这样的研究团队，本身就是值得期待的。根据学理研究所需，为使本研究科学系统合理，课题组精心编列了由13个子课题组成的立项课题表，即建设高等教育的总论篇；内涵与特征；意义与使命；背景与条件；教育理念创新；体制与机制；优化结构；质量与水平；扩大开放；建设高水平大学；做强地方本科院校；做强高等职业教育；做强省级高等教育等。按照这样总体设计的理路或框架，实际上已较完整地搭建起了探求要不要、能不能及怎么样"建设高等教育强国"等基本问题的系统学理基础。

在要不要适时提出建设高等教育强国奋斗目标问题上，尽管当初确有争议，然正面的声音还是一波高于一波，可谓心潮逐浪高。据本论丛研究者梳

理发现，早在 1999 年，时任教育部副部长的周远清在接受《中国高等教育》记者采访时就指出："如果说在新世纪到来之前我们提出把一个什么样的高等教育带入 21 世纪，那么，进入 21 世纪以后，建设一个什么样的高等教育，如何开创我国高等教育新世纪，就是我们必须认真思考的问题。建设高等教育强国，毋庸置疑应该成为高等教育战线的历史使命。"（《建设高等教育强国》第 67 页）同年 11 月，周远清在《北京高等教育》发表题为《建设高等教育强国 开创高等教育新世纪》的文章，着重从强化国际竞争意识、强化素质教育意识、强化改革创新意识等方面进行阐述。（《建设高等教育强国的意义与使命》第 3 页）站在能否开创高等教育新世纪、实现新跨越的高度看建设高教强国战略，使人心中为之震撼。尽管当时不少人对"建设高等教育强国"的概念感到新鲜、甚至突然，但也很快觉得作为新的奋斗目标是积极向上的，至少对鼓舞士气、凝聚信心和力量、加快高教改革发展步伐是有裨益的，在学界开展前瞻性的学术研究、理论探讨更是无可厚非的。到了 2008 年，周远清以中国高等教育学会会长的身份又在《中国高等教育》发表题为《高等教育改革发展的强音：建设高等教育强国》的论文，进一步指出"建设高等教育强国是我国经济社会发展的要求，是历史发展的必然，是高等教育发展的必然。"并认为"建设高等教育强国，使我国的高等教育又站在了一个历史发展的新平台上，站到了一个历史的新起点上。"（《建设高等教育强国的意义与使命》第 3 页）这样的新锐思考，自然有助于打开人们的眼界和心胸。当时已开始着手调研和蕴酿并于不久公布的《国家中长期教育改革发展规划纲要 (2010—2020 年)》在明确提出"建设教育强国"奋斗目标的同时，明明白白地写着："提高质量是高等教育的核心任务，是建设高等教育强国的基本要求"。这是第一次在国家纲领性文件中吸纳使用"建设高等教育强国"的概念或名词。在本论丛作者看来，这实际已表明"建设高等教育强国已经由学术的讨论、思想的讨论变成了国家的意志、政府的行为，并且在全国取得了比较高度的思想一致。"（《建设高等教育强国》第 3 页）这样，要不要建设高等教育强国的问题也就尘埃落定，着实大大鼓舞了正在开展建设高等教育强国的学术研究者的信心和心气。

本论丛作者清醒地认识到，高等教育强国不仅是一个理论问题，更是一个实践问题。无论哪个国家，也无论哪个时代建设高等教育强国都不是一蹴而就的，需要经历历史性的跨越式发展方能实现。"从发展的眼光看，高等教育强国的建设具有不同的发展阶段，第一个阶段是成为世界高等教育大国，拥有世界知名的高水平大学，这是建设高等教育强国的起点；第二个阶段为跻身高等教育发达国家行列，拥有若干所世界一流大学；第三个阶段是成为世界高等教育中心，拥有世界顶尖的大学群，这是高等教育强国建设的终极目标。"（《建设高等教育强国》第 91 页）划分阶段性目标，有助于我们一步一个脚印，一个台阶一个台阶拾阶而上，直至极目登顶。

在认识战略意义的同时，围绕内涵和本质开展建设高等教育强国问题研究，既是逻辑起点，又可由浅入深吸引读者兴趣，引发深层思考。综合"高等教育"和"强国"这两个概念的基本含义，并以现有高等教育强国为参照，本论丛作者提出，"高等教育强国的内涵大致可以概括为三个基本方面：一是高质量的人才培养；二是世界级的科学研究；三是卓越的全球影响力。"（《建设高等教育强国》第 68 页）再加以拓展的话，还需要有科学先进的治教治校治学理念、卓越的治理能力、完备的现代化高等教育体系、一流的大学文化建设等给予保障和支撑。所以，本论丛作者进一步认为："所谓高等教育强国究其本质集中于三点，即先进的高等教育理念，发达的高等教育系统和良好的外部适应能力。"（《建设高等教育强国》第 79 页）尤其感到欣慰的是，本论丛作者无论从哪个角度切入，都将人才培养质量问题摆在最突出的位置。"不论高等教育发展到何种层次，人才培养都是其最为基础的功能。高等教育与政治、经济、科技、文化、社会建设、生态文明、民族崛起之间的密切关系，首先都是通过'人'作为中介来实现的。大力提高人才培养质量，培养大批创新性人才，提供优质人力资本，为人力资源强国建设提供支撑，为建设人才强国作出贡献，这是高等教育从'大国'向'强国'迈进的历程中所要承担的最为首要和最为基础的使命。"（《建设高等教育强国》第 200 页）"无论何时人才培养质量都是高等教育的生命线，全面提高高等教育质量是建设高等教育强国的核心和灵魂。"（《建设高等教育强国》第 69 页）无疑，没有一流的人才培养质量，是建不成高等教育强国的，是得不到社会公认和国际认可的。悠悠万事，育人为大。持续不懈地以创新驱动、以改革为第一动力，扫除人才培养模式陈旧落后的阴霾，扎根中国大地办好中国高等教育，努力为社会多培养拔尖创新人才，源源不断地输送更具正能量的人力资源，始终应是在建设高等教育强国征途中的首要关切。这是高等教育强国之道的命脉，丝毫都不能、不应有所伤害！

高度关注教育思想和教育理念创新研究，是本论丛的又一个亮点。《教育理念创新与建设高等教育强国》的前言说得好："教育理念具有先导、导向、激励和防卫四个方面的作用"，"创新教育理念是建设高等教育强国的首要任务，而现时代正是创建我国高等教育强国理念体系的最佳时期。"作者还认为，教育理念的研究过程要突出人本性、思想性、实践性、原创性，要分层次、成体系；国家高等教育理念主要包括基本理念、发展理念、育人理念、治理理念、服务理念相互作用的五个主要方面；大学教育理念体系主要包括大学核心理念和子理念。这些颇具学理性的论述，都给人以较好的启迪。

三、继续高扬建设高教强国理论创新旗帜

世界高等教育中心的崛起或转移，都与高等教育思想理念发展和兴衰密切相关。为中国高等教育强国建设营造舆论氛围，理性、理智开展现实

问题和国际比较研究，逐渐丰富和提升治教治校治学思想理念，努力提供较成熟、较系统的理论理念支撑，正是本课题列项研究、本论丛出版的重要价值所在。

本论丛不仅立意高远，视野开阔，内涵丰富，论证有据，论述理性，同时也表现出广纳众智、不偏听偏信，自主研究、主动作为的科学态度和良好学风。读了本论丛六本专著，都能感受到"总后记"中提到的四个特点是真切的，一是树立正确的指导思想，关切国家民族利益；二是注重多方合作，探索协同创新模式；三是紧密结合国情教情，运用政策分析工具；四是注重创新研究方法，确保课题研究质量。尤其是作者（课题研究者）对建设高等教育强国理论研究的执著和自觉责任担当的精神，更是值得人们学习和发扬的。因为他们懂得：要建设高等教育强国必须有先进的现代化的教育思想，没有先进的教育思想办不出先进的大学，培养不出高水平的学生，出不了高水平的科研成果；真正的高等教育强国都是在一定的高等教育思想理念具体指导下的制度形式，这些思想理念不仅对本国高等教育具有指导意义，而且也对其他国家的高等教育发展产生深刻影响。(《建设高等教育强国》第80页)时至今日，人们越发感到：非常值得并有责任为建设高等教育强国理论建树一搏，甚至献身。这不仅是激励本论丛作者投身该研究的动力，也将吸引和鼓励更多的有识之士关注这样的研究。

硕果，收获于辛勤劳动之后。这是一个高教理论与实践研究崭新的领域和崭新的天地，这是又一项举高等教育重大问题研究之旗的行动，它对建设高等教育强国系统理论研究具有的开拓开创性和奠基性作用，已事实存在。相信能读一读这套论丛的朋友，总会有所得有所思的。随着本论丛的出版，"遵循科学发展，建设高等教育强国"课题研究即将结题，但对建设高等教育强国理论体系研究的工作远远没有也不会结束。建设新平台，站上新高度，开启新征程，再行建言探理立论，不断奉献理论创新成果，丰富高教思想理论宝库，仍然任重道远。

到本世纪中叶基本建成高等教育强国的时代使命，已历史地落在了全国、特别是高等教育工作者的肩上。这使命既非常光荣，又十分艰巨。建设高教强国亟需加快建成一批世界一流大学和一流学科，也断断离不开力促全国高等教育整体实力和水平的大提高，办好各级各类高等教育，办好每一所高等学校是其重要基础。只有搞好顶层设计、分层设计，把任务层层分解落到实处，才能有序有力推进，一步步向目标靠近。在中国建设高等教育强国是前无古人的创举，更应发挥好"思想是灵魂，理念是先导"的作用。振作精神，殚精竭虑，做一名头脑不空、思维不呆、思想不贫，学术常新、实践常新、意识常新的人，很不容易，但不是没有可能。人心在期盼，时代在呼唤。

让建设高等教育强国理论创新旗帜再高扬。

（原载《中国高教研究》2016 年第 1 期）

衷情高教理论创新的长者之尊

——读《周远清教育文集（五）》感怀

摘 要： 作为曾经的教育行政部门领导，周远清教授为中国高等教育的改革发展实践与理论研究同步推进、为高教界理性之思风尚的形成作出了特殊贡献。是他开创了高等教育重大决策部署"理论先行"新风尚；他为凝练高等教育"理论要点"和面向"21世纪的中国高等教育"课题研究功不可没；他又是"建设高教强国"和"高教思想体系"重大课题研究的旗手。他提出"高等教育思想是高等教育改革发展的灵魂"和"建设高教研究强国"的建议，反响强烈。

关键词： 高教研究；理论先行；周远清文集

在普遍浮躁时代，长于理性之思者，是值得尊敬的。20世纪90年代初，自周远清教授从清华大学副校长到国家教委高教司任司长起，我与他的交集就从未间断过，从他的壮年意气到皓首飞霜。对他的仰慕，并非只是他的职位升迁（分管高教的副部长，中国高等教育学会会长等），而是他衷情于理性思考的特有人格魅力、长者风范，是他殚精竭虑、呕心沥血为中国高等教育改革发展实践与理论研究同步推进所做出的特殊贡献。最近，身边一些高教理论界朋友阅读《周远清教育文集（五）》之后，都有启迪多多、回味多多、感慨多多之赞叹，都会被周远清教授影响我国高教界理性之思风尚的形成，所付出的智慧与心血而钦佩！

一、开创高等教育重大决策部署"理论先行"新风尚

作为曾经的教育行政部门领导，周远清教授在行政岗位时就对教育理论研究一往情深、真情拥抱，是罕见的。打开《周远清教育文集（五）》，吸引笔者眼球的是三篇作者忆"三情"的文章——《我的素质教育情怀》《我的教学改革情结》和《我的教育研究情愫——兼议建设高等教育理论研究强国》。其中后者写道："回顾我的教育人生，我一直没有离开教育研究，也没有离开组织教育研究，这使我和我的教育工作受益匪浅，可以说我的教育人生得益于教育的科学研究。"一是自身善于理性之思，再是强力推进组织高教理论研究，实乃我国高教理论工作之幸。周远清还经常提醒机关干部和高校领导："高等教育科学研究水平，在一定程度上反映了一个国家高等教育发展的水平，所以要十分重视教育科学研究水平的提高。"对于这样深情追梦于理论创新的领导，从当初起就得到了还处于艰难起步阶段的高教理论工作者的拥戴和刮目相看。

亲历者清楚地记得，20 世纪 90 年代初，高教界有两件大事接踵而至：1992 年 11 月，第四次全国高等教育会议召开，国务院转发《关于加快改革和发展普通高等教育的意见》；1993 年，《中国教育改革和发展纲要》颁发。这两件大事的重要意义在于：它更好地把握了中国经济和社会发展的重大战略时机，深刻地领会并贯彻邓小平南方谈话和党的十四大精神，适时地制定了高等教育深化改革、加快发展的一系列战略方针和政策，引领中国高等教育开启波澜壮阔的新历程。不仅如此，这次会议和重要文件的制定还有一个

别开生面的举动：关注思想观念创新，将理论思考贯穿乃至引领会议筹备全过程，体现在重要文件中，特邀高教理论研究者参加高教工作会议，开了高等教育改革发展重大决策部署"理论先行"的先河。此举，不但改变了那些参与者的工作和思维方式，还着实让高教理论工作者倍感鼓舞和振奋，对此后推动我国高教理论繁荣发展反响非凡。而此事的幕后直接推动者，正是周远清教授。

当时，受国家教委党组的委托，周远清负责筹备第四次全国高教工作会议。他自始至终都希望大家思考问题能突破"就教育论教育""就体制论体制"的束缚，着眼于世界政治经济格局变化，立足于国内加快现代化步伐和深化改革开放等重大变化将对高等教育发展产生的深刻影响，以及高教改革内在逻辑等，并带头进行深思熟虑的理性思索，亲自凝练出了高等教育改革"体制改革是关键，教学改革是核心"等重要论点。不久，他又加了一句"思想观念改革是先导"，并不断亲力亲为和广为宣传。这些深入的理论思考，在会议筹备和重要文件中都得到明显体现。更为难能可贵的是，事情并没有因会议结束和文件下发而结束，在指导全国贯彻落实会议精神和《纲要》的过程中，周远清继续沿着"思想先导""理论先行"的思路，要求理论思考和指导丝毫不放松，发挥更广更好作用，开创了以理论研究带动会议和中央精神贯彻落实的先例；并以此为良好开端，推动着我国高等教育理论研究系列重大课题有组织、大力度开展起来，成果不断呈现。周远清也由此成为高教重大理论研究的领军人物和举旗者。多年后，有心者发现，在周远清长期大力鼓励理论创新的影响下，不少单位和高校形成了理论和实践紧密结合、同步推进的氛围，一批高教理论研究者较快成长，有的得到重用；还有不少高教管理实践者恋上了理论研究，勤于理性思考，头脑充实，涵养提升，收获了更多建树与尊敬。

二、凝练"理论要点"与迎接 21 世纪的理性求索

　　鉴于在重大转折阶段中国高等教育改革发展面临的大量实践与理论问题，周远清深感理论研究薄弱的痛楚，即理论研究队伍弱小、零敲碎打分散化已严重不适应形势发展需要，亟待通过重大课题研究集聚力量和锻炼队伍。1993 年，已在他胸中酝酿成熟的开展"建设有中国特色高等教育理论研究"被提上日程，他明确指出：只有首先从理论上弄清楚新时期的中国"应当建设一个什么样的高等教育和怎样建设这样的高等教育"等重大问题，才能创造性地贯彻中央精神，促进高等教育健康发展。在周远清的直接推动下，由当时国家教委高教司主抓、多部门联合作战的"建设有中国特色高等教育理论研究"课题组很快组成。出乎意料的是，该课题一经提出，得到了高教界的广泛响应，许多省市教育行政部门和高校领导、主要的高教研究专家及教学管理者纷纷请求参与其中，当时有名有姓的汇聚起的三路人马总共达 300 多人，大家对理论渴望的热情可见一斑。该课题研究历时五年，先后三次召开全国性研讨会，出版了三部论文集，并于 1997 年 9 月正式出版了《建设有中国特色高等教育理论要点》专著。这部被学界称为"高教理论 60 条"的专著，对当时中国高等教育改革发展的一些主要理论和思想问题进行了认真梳理和新的审视，对贯彻教育方针、高教体制、办学路子、发展道路和人才培养途径等诸方面加以总结和提炼，在理论上取得了广泛共识，为跨世纪的高等教育改革发展起到了重要的思想引领和指导作用，并产生了深远的影响。有学者认为，高教理论要点 60 条，是对中国特色高等教育内外关系规律认知的一个新里程碑。这些理论贡献被较多吸纳于 1999 年《中共中央国务院关于深化教育体制改革 全面推进素质教育的决定》之中。

　　思想者的思绪闸门一旦打开就会刹不住，越思越觉得需要深入研究的话题很多，不停地求索虽苦亦甜亦乐。在周远清的大力倡导和组织下，几乎与

上述理论研究课题相同步或交叉进行，于 1995 年起立项的面向"21 世纪的中国高等教育"研究也有声有色地展开。当时提出这一课题研究的背景是，随着对"理论要点"研究的深入，面对即将到来的 21 世纪，周远清抛出"把一个什么样的高等教育带入 21 世纪"的问题，让大家讨论思考，反响同样热烈异常，很快成为新的重大研究专题。该研究先后有 200 多人参与其中，历时 3 年，内容包括"国内外宏观背景""世纪初世界高等教育改革和发展趋势""21 世纪初中国高等教育发展的战略和结构布局""体制改革和运行机制""人才培养和教学改革""党的领导和党的建设"等。这些都是当时迫切需要回答的理论与实践问题。

在带领该课题研究的过程中，周远清不断地独立思考并给予有力指导。他指出，进入 21 世纪，随着科学技术的迅速发展，知识经济时代的到来及国力竞争日趋激烈，教育特别是高等教育在人类和社会发展中将发挥越来越重要的作用，发展教育已被视为国家发展的战略支柱，优先发展教育，高度重视高等教育的发展和改革，将是 21 世纪社会发展的重要特征；同样，质量将取代数量成为价值取向的决定性因素，从数量向质量转移，标志着一个旧时代的结束和一个新时代的开始，把提高质量作为高等教育发展战略中的重中之重，永恒主题，将是 21 世纪高等教育的基本特征。基于这些思考，周远清进一步提出：要"把一个规模效益更高、办学效益更高的高等教育带入 21 世纪""把一个结构布局、体制更加合理的高等教育带入 21 世纪""把一个教学水平和办学水平更高的高等教育带入 21 世纪""把一个符合中国实际的现代化教育思想、教学观念带入 21 世纪"！这些高屋建瓴的论点，对课题研究的指导意义无疑是极为重要的。果然不负众望，该课题研究斩获颇丰。在全国教育科学规划领导小组组织的鉴定会上，该研究成果得到高度评价。专家鉴定意见指出："本课题研究已经取得丰硕的成果，它第一次在宏观层面上对世纪之初的中国高等教育进行了全方位、多视角、综合性的研究，对中国高等教育进行如此全面、系统、内容丰富、规模巨大的研究，这在国内高等教育研究中是迄今仅见的。……这些成果及其所产生的社会影响和效益，在全国教育科研规划项目中是不多见的。可以说该项研究成果是中国高等教育研究最高水平的一个代表。"参与该研究的专家学者心里清楚，这其中的首功当属周远清。

三、为持续深耕再举"高教强国"和"思想体系"研究之旗

21 世纪来临之际，世界各国元首、教育家纷纷发表演讲、宣言，展望新世纪的世界未来，包括教育的未来。经过一段时间沉思，周远清认为，已成为高教第一大国后，"建设高教强国"应该成为我国 21 世纪高等教育发展的战略目标，并以此来激励凝聚高教界的信心和力量，砥砺前行。他先后发表了以"建设高教强国"为主题的文章达 15 篇，分析困难与障碍、有利和不利因素等。道艰且长，行则将至。1999 年 8 月，他明确提出：开创我国高等教育新世纪至少要强化三个意识，即强化国际意识，建设高等教育强国；强化素质意识，全面提高教育质量；强化改革意识，走出中国自己的高教发展之路。经过又一段时间的酝酿，2008 年初，由他牵头，中国高等教育学会组织开展了"遵循科学发展，建设高等教育强国"重大攻关项目研究，参与者众多，涉及高校 150 多所、1500 名研究人员，包括一些重点大学的校长、书记、高教研究领域的一批知名专家学者。课题着重围绕"什么是高等教育强国""为什么要建设高等教育强国""现有基础能力能不能建设高等教育强国""怎样建设高等教育强国"等一系列理论与实践命题，进行了基础性、前瞻性的探索。该课题研究历时 6 年多，相关研究者在各类刊物上发表的论文达 500 多篇，出版论文集 2 本，并已出版 6 本专著。在总结该课题研究成效时，周远清认为，这是一次成功的前瞻性学术研究，在产生直接研究成果

的同时，还有一些相关收获，一是促进了在建设高教强国战略上达成广泛共识；二是培养和锻炼了高教研究队伍；三是提高了全国高等教育科学研究水平。该课题研究成果被评为全国哲学社会科学研究优秀成果一等奖。作为该项研究的深化或进入新阶段，"高等教育强国之路研究——高等教育强国的涵义、标准、实现路径与检测指标"新课题，又在周远清的有力指导和催促下于2016年底开题，进入实质性研究。

真可谓求索不断、奉献智慧不断，由周远清倡导并任总顾问的"中国特色高等教育思想体系研究"于2011年启动、2013年7月正式开题。这项具有开创性的课题被列为教育部哲学社会科学研究重大委托项目。课题分总论和十余个分论，除中国高等教育学会外，北京大学、清华大学、厦门大学、中国人民大学、华东师范大学、北京师范大学、南京师范大学、大连理工大学等著名高校学者参与研究。总论主要内容有：高等教育本质与属性、立德树人与大学素质教育思想、创新发展理念、敬佑教学中心、学术创新与社会服务全面化、深化改革和扩大开放、大学精神与大学文化、高等教育治理现代化等。对这项刚刚结题并被专家鉴定为优秀的研究成果，周远清更是情深深意切切的地给予全程指导。在该项目开题会上，他说：回顾中国高等教育跨世纪的改革发展进程中，我越来越感到教育思想的重要作用，教育思想不清晰的教育改革是很难成功的，很难得到健康发展的。由此，周远清提出应在原来"思想是先导"的基础上，进一步上升到"教育思想是教育改革发展的灵魂"的高度加以认识，这是开展此研究的意义所在，也是继"理论要点"研究之后又一次重大的高教思想理论系统研究。与研究者有同感，周远清也知道研究"高教思想体系"，难度很大，有人甚至认为中国高等教育无"思想体系"可言，只能照搬外国。但周远清相信，通过集众智、汇主流和集成创新，对我国高等教育既有思想理论进行再挖掘、再梳理、再升华，使之趋于成熟、成体系，不仅是高教理论研究者的责任和义务，各级高教管理者和实践者也应予以关心、理解和支持，使之体现中国高教的探索和智慧。

十分可喜可贺的是，作为该项目研究的核心成果《中国特色高等教育思想体系举要》（简称"高教思想60条"），得到了教育部组织的评审专家组的高度评价。专家鉴定意见指出："这是继20年前高教界众多专家集体研制的'高教理论要点60条'之后，又一次宏观层面的高教思想理论结晶"；"全面反映了当今中国高等教育改革发展实践和思想理论认识与发展水平，很好地体现了'正面、全面、主流、主导、前沿、前瞻'的集成创新研究精神和个性化研究方法"；"该项目研究成果称得上是中国当前高教研究水平的又一个代表，对落实'用发展着的理论指导发展着的实践'具有示范作用。"看到这样的结果，周远清心里自然也充满了喜悦。

"大改革、大发展、大提高、建强国"，可以说，周远清的教育工作实践和理论思考就是沿着这一思路走过来的。他对高教理论创新的推动和建树，远不止以上所述，他对大学素质教育思想的创立与践行、对教学改革的大力度推进及深邃思考等，也都是有目共睹的。特别是，他提出的"要建成高等教育强国就必须花大力气来建设高等教育科学研究强国"建议，正激励着广大高教理论工作者的信心和决心。在众多高教理论工作者心目中，周远清不但自身著述颇丰，留下了许多启思后人的思想精神财富，而且对于引领推动我国高教理论研究繁荣发展立下了难以取代的功德，是当之无愧的教育家！但他自己谦称，不许和不要戴这样的"高帽"，只想做实实在在的事情！

（原载《中国高教研究》2017年第5期）

自创自珍可信可爱方有话语权

与弱国无外交类似，一国的学术思想文化要想在国际舞台上有话语权、影响力，客观上讲，主要取决于你的国力强弱；主观上则是看提出来的主张和话语的科学性、道义性、互鉴互惠性及价值认同性。中华民族的伟大复兴，必是包括学术文化振兴的。中国高等教育大国的崛起，由大变强战略目标的确立，正在为中国特色高等教育话语体系构建和增强国际话语权带来天赐良机，尽管西方强国还不愿低头轻言向东方学习，但在学界心领神会之处总会有的，而且会与日俱增，只要我们自己努力做优做精。

高等教育研究属人文社科领域，其最大的特点在于：研究的范畴和所需的知识都是与人的全面发展息息相关的。东西方学者面对高等教育（或大学）发展的许多共同关心的问题，必定会随着研究与交流的深入，不断增进相知相惜，更多发现带有普遍性规律性的联结点、相通点、契合点，或互鉴交融，取长补短，共谋发展，或求同存异，爱其所同，敬其所异。所以，有理想抱负的高教研究者，除了要有开放的心态、国际的视野、融通的思维，还应有理论自信和自创精神。中国古代曾有过以孔子为代表的儒家创立的灿烂教育思想文化，有的也得到过西方学者的推崇，成为世界文化遗产的一部分，后来由于国运不济而迟滞。当今中国又翻开了历史新篇章，随着国力的日趋强盛，高等教育规模和实力的壮大，高等教育思想理论研究队伍也十分庞大，每年发表的相关论文总数也是很可观的了，国际交流趋于活跃。但是，就高等教育思想理论的国际影响力和话语权而言，仍是非常微弱的。要改变这种现状，良好的外部环境固然重要，研究者的品质与努力则显得更加不容忽视。只有正视不足，端正研究价值追求、改进研究范式、苦练专业内功，增强自信原创，才能打翻身仗。反思以往的高教研究得失，有几种病态需要扶正：一是缺乏自信的拾人牙慧；二是无视融通的自恋自耗；三是云山雾罩的谈玄说妙；四是狗熊掰棒式的得而复失。

这里有一个典型的例据，就是对素质教育思想的患得患失和若即若离。国人原本已逐渐认识到，素质教育思想的确立和实施，是教育界同仁经苦苦求索、针对积弊已久的教育问题作出的战略抉择，是中国人用自己的智慧回应培养什么样人、怎样培养人，旨在全面提升学校教育质量的重大探索，是改革开放以来极具标志性的教育理论创新成果，是构建中国特色、中国风格教育思想理论体系的一个新起点。连联合国教科文组织和不少国际同行都曾高度注视中国的素质教育思想和实践进程。可是，我们的不少学者，特别是有过留洋经历的大学头面人物，就是瞧不起自己创新探索的这一重要教育思想，国家一再号召推动仍在阳奉阴违，致使以人为本、全面实施素质教育的大气候并未在全国高校形成，甚至这个"战略主题"大有被边缘化的危险。面对素质教育新思想新方略，不屑一顾、我行我素、抱旧照旧者有之；口惠而实不至者、搞形式主义剑走偏锋者有之；更有一些大学还在以通识教育这个舶来品遮避、冲淡、冲击素质教育的贯彻落实。这并不是说通识教育理念没有可取之处，而是很多人看不到素质教育思想是在借鉴西方通识教育、博雅教育等合理内核基础上创构的，更具时代精神的、更适合中国国情的、更能有效促进学生全面发展的先进教育思想。通识教育实际上只是相当于我们的文化素质教育，或是一些高校开放的通识课而已。这种舍近求远、不思超越尴尬局面的出现，既有崇美媚外心理作祟，也有传统教育文化观念顽固的障碍，还有体制机制不顺和评价导向的不明等因素；但缺乏理论自信、权威性很强的素质教育思想体系构建研究未跟上，也是一个重要原因。这就告诉我们一个道理，创构创立一个新思想、新理念、新表述绝非轻而易举之事，好不容易创构起来了，如果不自珍自崇、不能一以贯之地执著地加以理论完善，诚心付诸实践及持续的政策和舆论跟踪配合，再好的新创思想理念，也可能热闹一阵子就半途而废。说句忧心的话，如果让素质教育思想这个已上升到国家意志并得到国际关注的新思想，因种种主客观因素而逐渐在大学淡出、甚至放弃，那不仅是中国教育理论研究界的一大损失，也是中国高等教育改革实践探索的一大憾事。

既然是构建特色鲜明的高等教育研究话语体系，那就不能不涉及营造新语境和改进旧文风问题。首先，机智形成和奉献富有理性理路的新概念新表述，并非是要学者热衷于玩空洞乏理的名词概念游戏。高等教育研究作为学术活动，无法脱离时代和民族的本体实践，但也不应局限于自身眼前的琐细问题就事论事，应多多聚焦于教育真谛和共同价值追求，要有深度思考教育文化认同、建构高等教育新思想新语境的理性责任。中国是一个盛产标语口号的国度，有的政客学阀都能做到极端溢美花哨词汇信手拈来，汉语本来就是各类曼妙形容词多多，我们用不着担心各类学术论文不出新概念新提法，现在不是就有什么"123 工程"、拔尖创新等等花哨表达满天飞吗？类似这种让本国人看不太懂、看了头晕目眩的表述，是难以很好与国际同行交流融通的。当然，这也不能成为拒绝改造文风的借口。论文撰写新八股格式化、不讲文采、苦涩生僻、枯燥乏味也是中国学界的一个通病，很招人烦的，对吸引人读下去、流传开不利。所以，改一改"可爱者不可信、可信者不可爱"弊病，尽力做到可信又可爱，也是一件要紧的事情。不乱提口号、不生造滥偏与讲究文彩、个性化通俗化表述并不矛盾，是可以妥善处置、恰当结合的，格式再规范但思想贫瘠又有何用！高水平的高教学术研究，既要有现实观照，更应有理论深度、思想维度，还应有话语风度。倡导用独特卓异的思考、可心可口清新自然的语言表述去吸引和打动人；倡导任何新论点都基于研究和论证，叙述不讲空话大话过头话，论证必有依据，去伪存真、深入浅出、精准有彩；倡导阐"学"与探"术"结合，用理性引导学术思想和实践发展，用实践完善和丰富理论，从自在自流走向自为自立。创构无愧于新世纪而又具有国际影响力的高等教育思想理论及话语体系，需要建立在深入透析中外古今探索的基础之上，但唯洋是举不足取，固步自封要不得。要努力克服只会引章摘句、皮毛化、人云亦云的病态，也不能甘心做跪在巨人、洋人面前的思想侏儒。过多援引西人、古人的言语，就会冲淡原创性、现代性。对重大课题研究，要善于集思广益、协同创新，乃至抱团突围，用集体或团队的智慧及意志毅力求原创。一旦形成了较成熟的新概念新表述，除了自信自珍，同行呵护帮衬使之不断完善也不可少，还应有效利用现代传媒手段，探寻传播和推广研究成果之策，使成熟的学术思想普及化、大众化。有了自身的执著，有了好的舆论传播场域，有了国内业内的广泛认同认可和携手，在国际交流中引起关注，直至融入融通就会容易得多、自然得多。

（原载《中国高教研究》2015 年第 6 期）

推进高等教育理论创新与实践创新良性互动

——中国特色高等教育思想体系研究成果述评

摘　要： 开展中国特色高等教育思想体系研究，是一次大胆又审慎的尝试。在高校治教办学思想理论碎片化、断裂化、虚无化现象较普遍存在的情况下，高教理论研究工作者应有新担当。加快推进高等教育现代化，建设高等教育强国，思想理念现代化不能缺席。随着高教实践的不断丰富发展，提升推进实现高教理论创新和实践创新的良性互动，既有条件和可能，又重要迫切。呈现"中国特色高等教育思想体系举要" 60 条，称得上是集成创新和协同自主创新相结合的结晶，特别是强调高等教育应更加彰显文化属性，是一个最鲜明的亮点。实践还要求人们，学术论著和论文的写作及展示，也应时时想着创新思维方法，不但要讲究理性，还应注重思想灵性和灵光，多出有思想的学术和有学术的思想。亮不亮，看思想；对不对，看导向。

关键词： 中国特色；高等教育思想体系；集成创新；自主创新

作为教育部哲学社会科学重大研究委托项目，开展"中国特色高等教育思想体系研究"，不是研究者一时冲动、心血来潮，更不是自命不凡、好大喜功，而是时势发展的呼唤，是高教理论工作者责任担当的体现，是一次大胆又慎审的尝试。推动形成高等教育实践丰富理论、理论指导实践的辩证互动，是高等教育理论工作的责任、意义和价值所在。加快高等教育现代化，思想观念首先应现代化；要想建成高等教育强国，也需要有建设高等教育思想理论研究强国与之相匹配。这就是，众多高等教育理论工作者团结在中国高等教育学会周围，积极主动承担这项艰巨任务的动因和动力。

需要特别指出的是，开展中国特色高等教育思想体系研究，首要功劳是周远清教授的。是他经长期深思熟虑，适时选定的题目，是在他全程高度关注、悉心指导下做到今天这个样子的。从蕴酿准备，到正式立项开题，再到2017年4月结题，历时五年，取得了较丰硕的成果。据统计，以本项目名义发表的学术论文近60篇，其中CSSCI论文30余篇；支撑性著作两本。最终成果以专著《中国特色高等教育思想体系论纲》奉献给大家。该专著由两部分构成，即总论和专题分论。其中10个分论，都有专题化精深独到之处，有的个性化特色鲜明，能给人以一定启思。而总论，即"中国特色高等教育思想体系举要"60条，是本课题研究的核心成果，具有诸多创新特色和亮点。

一、扛起实现高等教育理论与实践互动创新的时代责任

在踏上建设高等教育强国的新征程中，我国高教界对理论创新重要性、迫切性的认识和觉醒，亟待跃升。习近平总书记强调指出："必须高度重视理论的作用，增强理论自信和战略定力，对经过反复实践和比较得出的正确理论，要坚定不移坚持。要根据时代变化和实践发展，不断深化认识，不断总结经验，不断实现理论创新和实践创新良性互动，在这种统一和互动中发展21世纪中国的马克思主义。"总书记要求的是"不断实现"良性互动，这对我国高教界来说，责任是相当不轻的。

据观察，高等教育界思想理论碎片化、虚无化、断裂化现象还较普遍存

在，而且不少人已习以为常。正因为如此，对开展思想体系研究与构建，业内外很多人是有深深怀疑的，认为在中国谈不上构建什么高教思想体系的，根本不可能，也没必要。很多高教工作者，包括一些高校管理者，都过于自我迷恋，拍拍脑袋自信得很，认为治教办学就那么点事儿，自己的即时所思所想所行都是对的，不需要系统的思想理论指导照样能领导高校发展。有的甚至说：一谈理论、讲大道理就头痛。自身不注意理论修养，还蔑视别人的理论研究工作，这样必然走不远，难有思想理论建树，更难达到思想认识的高峰，只能永远是思想的侏儒，或别人思想的鹰犬、买办。发展到今天，国家对高等教育越来越重视，投入力度在不断加大，我国很多重点高校，特别是几所国家大力度支持投入的顶尖大学，经费已经不是什么大问题，缺钱已难以成为这类高校不卓越的理由或借口；他们最缺的恐怕是治校办学的新思想和创新的思路，思想贫瘠，改革悬浮，提质乏力，才是根本性的大问题。投入不少，而有效产出不多，已广受社会质疑。就是说，有些国家重点建设的高校，习惯于躺着吃国家供给的特殊"偏饭"，而在治校办学思想和能力上仍表现欠佳，却还在沾沾自喜，对创新思想的神奇力量和作用严重估计不足，对思想理论创新的自觉和自省远远不够。还有，以往高等教育改革发展由于缺乏前瞻性的科学理论指导而出现不少偏差、甚至是失误的教训，也未能很好正视和汲取。用支离破碎或二三流的治教办学理念，是很难办出一流高等教育和世界一流大学的。所以不能不说，加快高等教育现代化步伐，思想观念现代化不能缺席。建设中国特色现代高等教育体系，也在呼唤尽快构建中国特色高等教育思想理论体系基本框架。没有主体主导的思想和没有思想的主政主体，都是可怕的，"没有灵魂的卓越"不足取！为什么中央高层那么强调道路自信、制度自信、理论自信、文化自信，深义也在于此。

当然，话得说回来，作为"中国特色高等教育思想体系研究"重大项目的承接者，课题组成员开始时也是有很大畏难情绪的。大家都感到，这课题既宏观阔大，难以下手，又很实不虚，怀疑与期待并存。没有责任心驱使，没有担当精神，是不敢接这样课题的。经前期酝酿研究分析，大家初步认识到，高等教育实践发展足迹的背后，定有思想发展轨迹可以追溯，是有思想脉络可寻的。我国高等教育思想理论，虽然还很难说已进入完整成熟的"体系"形态，但不能说没有自己的思想观念，一切高教实践都是在一定思想理论支配下进行的，有"实践流"，就有"思想流"。不管是思想明流、潜流，或是清流、浊流，不管是主流、大流，还是细流、小流、散流、断流，人们都能或多或少、或明或暗感觉到。把所有这些都认真审视一下，汇聚起来，求真删伪，去芜存菁，就是通过系统挖掘、梳理、提炼、升华，使之成体系地呈现出来，那将是一件很有意义的事情。当然也是难度很大的系统工程。

所谓高教"思想流"，是指人们在高教实践中产生形成的知识、意识、观念、理论，包括制订相关政策、制度法规等指导思想的交织。随着学习和研讨的逐步深入，我们认识到，只要实践创新不断，理论创新不会也不应该断，但自觉与否，用心与否就会不一样，自觉又用心了，思想理论就会达到应有的高度和深度。新中国高等教育经过近70年，特别是改革开放近40年、进入新世纪十余年的实践探索，已经积累积淀了较为丰富的经验和具有中国特色的高等教育思想理念。这些既体现在党和国家领导人在各种场合的重要讲话、重要文件文献中，也散见于高教理论工作者的学术论著、论文中。这也表明，将中国特色高等教育改革发展实践成果，上升为中国特色高等教育思想理论成果，推进实现高等教育理论创新与实践创新的良性互动，既有了条件和可能，又感到重要和迫切。正是受这种需求和责任感驱动，课题组成员觉得，开展中国特色高等教育思想体系研究，再难也得做，哪怕只开个头，打下初步较良好的基础也是值得的。

二、"高教思想 60 条"是集成创新和自主创新相结合的结晶

既然课题研究重大重要，既然下决心要做也应该做，就得会聚一批骨干力量，而且立意必须高远，彰显学理支撑。应该说，课题组团队组成是强有力的。除高教学会主要领导领衔主持外，清华大学、北京大学、中国人民大学、厦门大学、华中科技大学、大连理工大学、北京师范大学、华东师范大学、浙江师范大学等国内著名大学的一批专家学者都参与其中。在开题会上，课题组提出研究总体原则要求是：高起点、大视野、集众智、彰主流、出精品、正导向。就是要尽量站在时代至高之境，有中外古今视野，不但要能代表研究者的个体水平和集体智慧，更要善于将上下内外的相关思想观念、理论智慧融会贯通、提炼升华，做到入乎其中出乎其外，彰显集成创新精神。当然，说来容易，做起来极难。

在研究和撰写"高教思想 60 条"过程中，几位执笔者觉得还应有更加明确、更可遵循和可操作的原则要求来统一基调和范围方向。于是，经讨论又提出了坚持"全面正面、主流主导、前沿前瞻"新的要求目标。现在看，凝练出"高教思想 60 条"，就是朝着这个方向努力的，也是为了倡导一种新的研究学风：研之有据，研而成理，研发开新，研以致用。最终在于有用、管用，使人们读后有所遵循或启迪，否则就没有意义和价值可言。

可以说，"高教思想 60 条"的呈现，是继 20 年前高教界三支队伍会聚研制的高教"理论要点 60 条"之后，在新形势下，又一次集聚力量开展宏观层面高教思想理念全方位系统研究、集约性成体系展现的结晶。20 年变化有多大有多快，高等教育改革发展实践经验不断丰富，新业态、新矛盾、新困惑又亟待新突破，高教理论工作理当有新作为。在梳理挖掘和归纳提炼过程中，课题组首先关注的是业界和学界公认的，具有重要导向性的、值得沉淀流传的思想论断、论点，包括高层领导重要讲话和文献文件，教育行政部

门领导指导实践的理念和有关文件精神，同时观照学界的先进学术思想论点等，使分散的各阶段的有重要参照价值的思想理论集中归类阐发并展现。正是从这个意义上说，这是较典型的集成创新的成果。

"高教思想60条"围绕着"顺应时势发展，重新认知高等教育的本质和属性""创新发展理念，建立健全现代高等教育体系""完善现代大学制度，推进高等教育治理现代化"等10个方面展开阐释，基本涵盖了高教或高校方方面面的前沿问题，并力图能反映出当今中国高等教育实践探索与思想理论认识的发展水平。是不是这样，请诸位审视。

同时，"高教思想60条"又是自主创新和协同创新的成果。如此宏观高难度的研究项目，凭个体的力量是勉为其难的。采取统一组织、分工合作、协同创新的办法，是较好的选择。受当年"理论要点60条"启发，经集体商定，这次也选择以10大类分条目展现的办法，既便于操作和记忆，也是承前（或启后）。当然这次条目撰写，更加注重学理性，强调展现学术思想。努力将每个条目，用一句话凝练成一个显明的学术思想点，60个条目就是60个思想理念观察点，这样点面兼顾，环环相连，集珠成串，各部分各条目既可以相对独立存在，又前后呼应，使之浑然成一个整体。用意在于，由此能使中国特色高等教育思想体系基本框架开创性地得以构建，能成为业内外人士既简明扼要，又较全面系统地了解掌握中国特色高等教育思想理路的有益文献和重要参考读本。

关于自主创新，主要体现在文本中确立并论述的诸多条目，不乏研究者自主提炼的独特学术思想论点，或富有时代标识的新表述及概念。比如：高等教育事业是公益性和私益性的良性互动，高等教育兼具意识形态和生产力等多重社会属性，时代律动和内在逻辑呼唤高等教育更加彰显文化属性，抓住加快高等教育现代化发展的历史新机遇，学术自由和学术责任是高校学术创新的生命线，让高校教师在学术框架内专业化发展，在扩大双向开放中深度融入国际化潮流，做好高校社会服务全面化大文章，党的领导是中国特色现代高等教育治理的核心体现等纲目以及内容表述，都富含时代感和创意，使前沿性和前瞻性有较好体现，是值得引起重视和关注的学术思想论点。

特别是关于彰显高等教育或大学文化属性的问题，是一个亟待深入探索和实践的大课题。大学不仅与生俱来有着传承人类文明和文化的职能，而且随着时代进步发展，大学越来越有责任、有能力发展创造新文化，并直接间接推动乃至引领人类文化文明的繁荣发展。大学的教书育人、科研育人、管理育人、环境育人，核心就是文化育人、以文化人。遗憾的是，我们的大学校长、教授，高级知识分子或文化人，对大学文化的认识，大多还囿于政治、经济、文化（教育）等三分或细分层面。殊不知，文化固然有其作为习俗等分领域的概念属性，其实更有着涵盖人类文明诸多领域的大属性、大概念。政治有政治文化、经济有经济文化、科技有科技文化、思想有思想文化，等等。我们所说的文化育人，就是一个包含人类文明各领域的广义文化、大属性文化。文化滋养激励大学，大学发展创新文化。当下人们热议的文化，无论是"软实力"之说，还是"文明冲突论"等，都不是我们的原创，是舶来品；而我国率先倡导的建设和谐世界、构建人类命运共同体等概念，都亟需学理层面的深入研究和阐发。这既是大学学者的责任，也是培养具有国际胸怀的一代新人之所需。世界一流大学无一不是一流人文文化和科技文化的领跑者。先进的思想文化，更是大学追求有灵魂的卓越所必须。可以说，强调高等教育更加彰显其文化属性，是本研究成果的一个鲜明亮点。

三、尝试学术研究话语表达方式方法创新

显然，课题组意识到了，这是学术研究项目，呈现的是学术性成果，而不是行政部门的法规文件，行文语气应尽量避免居高临下、盛气凌人的口

吻，不是发指示、下命令，少用或不用"必须""一定"等词汇，而是以平等探讨交流式为主。有心的学者曾做过调研分析，通常情况下，教育理论家喜欢对人说应该做什么，教育批评家喜欢对人讲不应该做什么，而领导和管理者想的是现实条件下能做什么。我们的学术著作和论文，应该兼顾不同岗位、不同眼光、不同口味人群的喜好或需求，以吸引更多的读者，产生更广泛的影响。就是说，学术研究及其研究成果展示也涉及方法选择，不能完全奉天法古，因循守旧，墨守成规，而应该顺乎天又应乎人。就是要时时想着思维创新，想着创新思维方法。这次研究尝试，是想努力体现这样三句话的：一是学术性话语与思想性话语交融。学术论著不但要讲究理性，还应有思想灵性或灵光，就是要多出有思想的学术，或有学术的思想。亮不亮，看思想，对不对，看导向。二是建构性话语与反思性话语交融。太过强调正面平铺直叙，容易老气横秋，老调充斥，没有反思性、警示性，就可能平淡乏味。强化问题意识，适当用些反思性话语，就会不一样，引起人们更多警觉，加深印象。三是时代性话语与传统性话语交融。年龄大较保守的人，语言习惯于传统性，讲究严谨，但也容易落俗套，挣脱不了新八股的束缚，往往缺少时代感，鲜活感。如果对传统思想文化进行创造性转化，赋予其新的时代内涵和表现形式，就能激发传统智慧在当代的效用和生命活力。有的学者反感口号性用语，这也不应一概而论。其实用得好用得巧，是可以提气提神的，至少有一定学术思想含量的警句嘉语是如此，希望多些有现时代标志性的语言和学术概念，这可能也是观察点之一。我们在这方面的探索是初步的，却也得到了一些专家的首肯，认为"这样的尝试也将给今后的学术论文展示以有益的启迪"。

总而言之，本项目研究的最终成果已经摆在读者面前，尽管自己也感觉到还存在诸多不如意，但大家尽心尽力了。能使课程组欣慰的是，由教育部组织的结题评审专家组给出的评价还是很高的。专家组的评审鉴定意见指出：

"本课题研究最终成果及其诸多开拓创新性求索，是难能可贵的。该课题研究成果称得上是当前中国高教研究水平的又一个代表，对落实用发展着理论指导发展着的实践具有示范作用""对中国高等教育改革发展具有重要的理论和实践价值。"

有位大学党委书记通读了"高教思想60条"文本后感慨道：很难得，对当代高等教育思想作如此系统又精炼的论述，还从未见过，它的重要理论和实践价值及意义，有人现在可能还感触不深，但细细品读，或随着时间的推延和实践的检验，肯定会得到更多的启迪和赞赏，会在高等教育理论研究和发展史上留下重要标记。果能如此吗？人们不妨拭目以待！

——（原载《中国高教研究》2017年第8期）

第三辑

思想举要节录

心语小引：

通俗地说，思想就是头脑。没有自己的思想，头脑或灵魂只有依附的分。在开启新时代建设高教强国的重大转折时期，高教界对教育实践创新与教育理论创新良性互动的重要性、迫切性的认识，亟待跃升；对教育思想理论基础性系统建设研究，亟待加强；长期存在的教育思想碎片化、断裂化、陈腐化的状态，亟待改变。对长期高高在上、习惯于发号施令而实际头脑空空、缺乏思想理论修养，还蔑视别人教育基础理论建设研究的官僚式的领导，人们也有理由还其以嗤之以鼻。毫无疑问，对高等教育现实重大问题的政策咨询和应用研究亟待加强，而对高等教育基础和基本思想理论的系统研究，使之合规律成体系地积淀和传播，也是一项建功立德的大事要事。以前者否定后者，或以后者小觑前者，都会失之偏颇。双管或多管齐下共进，才是推进高等教育研究整体上水平、完善和健全学科建设发展的有效选择，也为建设学科体系、学术体系和话语体系所必需。作为构建中国特色高等教育思想体系的基础研究成果、作为集成创新和自主创新的结晶，《中国特色高等教育教育思想体系论纲》及其"思想举要60条"的研制与出版，它的意义和价值，将随时间的检验而彰显。至少，我们应向为此重大研究课题命名者和批准者的高瞻远瞩致敬！这里节录的近20条目，是经课题组集体讨论，由我奉命执笔撰写的，参照价值几何，读者说了算。

中国特色高等教育思想举要（总论）

教育，既是国家战略大计，又是民生发展首要关切。强国必谋强教，强教支撑强国。高等教育发展水平是一个国家发展水平和发展潜力的重要标志，世界经济强国无不都是高等教育强国。改革开放以来，中国高等教育在国家教育优先发展战略指引下，沿着大改革、大发展和大提高、建强国的路子，不断探索，不断超越，在取得一个接一个历史性阶段性重大进展、为国家经济社会发展和改善民生作出重大贡献的同时，又面临着前所未有的以改革发展新突破实现由大向强的巨大挑战和历史机缘。截至 2016 年，我国高等教育在学总规模 3478 万，位居世界第一；毛入学率达到 42.7%，超过中高收入国家平均水平。再过三五年，高等教育毛入学率即可达到 50%，将进入普及化阶段。由此，一个全新的更高发展战略目标也将紧随而至，即成为世界第一高等教育大国后，积极谋划早日跻身世界高等教育强国行列，为国家发展、人民幸福、人类文明进步作出新的更大贡献，必然成为国人、特别是高教界的新梦想新追求。在这个非凡的重大转折过程中，围绕着高等教育以改革创新促优质发展主题，有多少思想和行为习惯障碍需要清理，有多少实践和理论难题需要破解。时代是思想之母，实践是理论之源。把牢思想先导之舵，遵循高教发展规律，都离不开高教理论创新和科学的思维方法。这也必然要求高教理论工作者应在诸方面有新作为：将中国特色高等教育改革发展的实践成果，上升为中国特色高等教育理论成果；以梳理既有和回应新的实践问题为己任，把握所处历史新方位，作出中国解答，让高教理论研究和思想发展跟上时代节拍；以清醒的理论自觉和理性的思想文化学术成果，助推高等教育改革发展走正确健康的路，正义理性地赶路，为举办更富活力、更崇质量、更具国际竞争力的高等教育作出新奉献。

顺应时势发展　重新认知高教的本质和属性

高等教育发展面临着巨大而深刻变化的时与势

教育传承过去、造就现在、开创未来，是推动人类文明进步的重要力量。高等教育的创新发展，与国家经济、政治、科技、文化、社会变革发展等有着千丝万缕的联系，只有聆听时代的声音，回应社会的召唤，跳出教育看教育，在经济社会发展大格局中找准定位，才能真正把握历史脉络、遵从发展规律、承担好时代重任和使命担当。当前，我国高等教育已步入崭新的重要发展阶段，面临着纷繁复杂的内外部新环境。从高等教育外部看，一方面，当今世界正经历百年未遇的大变革大调整，和平、发展、合作、共赢的世界潮流不可阻挡，同时也充满着变数和博弈：世界多极化、经济全球化、文化多元化、社会信息化深入发展，新一轮科技革命和产业变革加速演进，一些重大颠覆性技术正在引发新业态新生态，世界经济正处于新旧增长动能转换的关键时期，激烈的综合国力竞争越来越聚焦于科技、文化，特别是人才。另一方面，当代中国正沿着中国特色社会主义道路奋力前进，正经历着历史上最为广泛而深刻的社会变革，全面建成小康社会进入决胜阶段，经济社会发展进入新方位新常态，贯彻"五位一体"总体布局、"四个全面"战略布局和供给侧结构性改革等任务紧迫而艰巨；在向世界深度开放，同世界深度互动中，实施"一带一路"战略、建设世界科技强国、创新驱动发展战略等，都在呼唤高等教育有新担当、大作为。从高教内部看，一方面，我国高等教育发展已进入世界中上水平，正在逐步走向世界高等教育中心，服务经济社会发展能力显著提高，但整体上仍处于大而不强、现代化水平不高、办学活力不足、优质教育资源供给能力弱等矛盾状态中；另一方面，人口代际特征变化大，主要教育对象作为新的"互联网一代"，信息化和云学习的兴起使他们的思维方式、认知范式、交际行为和价值观选择等都与之前的学生大不相同，教育者以往习以为常的教育理念、培养模式和方法，都已严重不相适应。世界不会停留在人们熟识的记忆里。面对风云际会、深刻变化着的时与势，我国高等教育如何立足当下，面向未来，找准发展路径，识变应变求变，以更加优质的人才培养、科技创新、文化传播等服务和支撑国家核心竞争力的责任愈加重大、使命愈发光荣。所有这些，都对人们清醒分析和深悟现代高等教育的新使命和本质、属性拓宽了新视域，开启了新思索。

高等教育恒性不变的本质功能是培养人才

教育是一种以特定制度安排和途径方式培养人的社会活动。教育的首要目的指向和本义本分是培养人才，通过科学的"教"和"育"，为学生学习成长创造一个可以自由发挥潜质潜能的世界，使人生更加理性智慧地发展，是学校教育工作的本能和道义所系。高等教育是教育的最高层次，培养各类高素质高层次专门人才，是高等教育的核心使命、核心价值所在，是高等教育为国家和社会贡献度的首要体现和首善标识。办好每一所高等学校、包括办出世界一流大学，都必须牢牢抓住全面提高人才培养能力这个核心点，并以此带动学校其他工作。培养人才，简称"育人"，实质是育人育才的有机统一。"育人为本，教学优先"是高等教育及其实施机构高等学校的基点定位。育人育才是天底下最崇高的事业。一流大学者，乃大师育人育才之谓也。不育人育才无以为校，无以为师。高等教育越是功能多元化、高等学校越是职能多样化，就越要坚守"育人为本"这一常识和道义。随着时代的进步发展，面对仍较落后的治理体系、培养机制和育人模式等，现代高等教育和高校必须不断创新与改革。同时必须守正，走正道，在返本中开新，在开新中强本，让改革创新更好地服从和服务于为落实"育人为本"清障碍添动力，为更加有利于培养拔尖创新人才和各类社会适用人才增活力开新风。高等教育和高校因学生而发生而存续，学生是高校存在的理由和意义所在，明确人才培养合理定位和科学实施是高等教育教学改革的逻辑起点。教书育人是高校及教师天经地义的首要任务。课堂教学是教书育人的主渠道和主要形式，育人又不止于课堂教学，课堂以外的学校各项工作都会对育人育才质量产生正负影响。努力构建全员全方位全过程育人格局，形成教书育人、科研育人、实践育人、服务育人和文化育人的体制机制，事关落实"育人为本"理念的全局。高校部署工作，淡忘为什么出发，无视育人育才是实施高等教育的本义和初心，就会有本性迷失、乱了方向和方寸之忧。敬畏育人，初心不改，返本开新，人才辈出，应成为现代高等教育的首责和首善之举。

高等教育事业是公益性和私益性的良性互动

高等教育是国家和全社会共同的事业。发展高等教育既是有力提升国民整体素质、推动社会进步、实现国家文明富强的战略举措和有效途径，是国家培养各类建设人才乃至接班人、增强科技文化等核心竞争力的重要源头和依托；也是公民提高个人文化素养、增进个体人力资本积累、增强社会生存能力、完善自我发展的首要选择和期盼。而且随着物质条件的不断改善，高等教育的社会个体利益诉求还会不断增强，人们会更多地要求接受优质高等教育的选择权，共享"教育红利"。现代文明人越来越认识到，教育投资是最大最具长期和终身收益率的投资，无论是国家还是私人以及社会组织，都会不断强化对高等教育的投资。发展高等教育事业已越来越呈现出国家公共利益和社会个体利益并行不悖的共同向往，是国家公益性与民众私益性的有机结合、谐美良性互动。世界各国无论教育制度如何，无论是公立高校为主，还是私立高校为主，均确认高等教育是具有鲜明社会公益性质的重要事业，都会以各自合适的方式受到国家重点关切和呵护，政府都会以直接投资、基金资助、税收优惠、政策保护等方式给予特别扶持。在我国，教育被列为民生之首，并强调教育要为人民服务。在计划经济时期，我国高等教育实行单一国有公办，所需经费全部由财政包揽，片面强调公益事业必须全部姓公，民间力量不得染指。但受限于国力，严重制约了扩大高等教育规模的能力，难以满足民众渴望接受高等教育的要求。随着社会主义市场经济体制的建立，这种格局被逐渐打破，一批民办高等学校兴起，社会捐赠办学、中外合作办学方兴未艾；同时积极改革高等教育投融资体制，建立起以举办者投入为主、受教育者合理分担培养成本、高等学校多渠道筹措经费的机制，使办学资金得到明显增长，有力助推了高等教育规模大发展，公民接受高等教育机会和权利随之扩大。举办营利性高等教育在国际上不乏先例。我国也已认同教育公益性与办学机构营利性并不天然冲突，并明确在坚持国家作为公办高校主要投资者的同时，允许学校及其教育机构以非营利性和营利性两种类别共同存在，民办高校既可以是非营利的，又可以是营利的，政府实行差别化的政策扶持和依法监管，体现了我国进一步发挥市场作用和支持社会力量参与办学的导向。适应这种要求和趋势，也为推进依法治教办学，新修订的《高等教育法》规定：设立高等学校，应当符合国家利益和社会公共利益。国家同时要求让公民享有公平接受高等教育的权利，为人民谋福祉。这就从法律意义和国家意志上确认高等教育事业是国家公益性为主导的同时，充分顾及社会和个体发展的利益。这种合理合法的双重利益性相倚互济、共生同赢、互促谐动，应成为制定高等教育政策的重要依据，成为促进高等教育事业发展的动力源泉。

高等教育兼具意识形态和生产力等多重社会属性

这是由高等教育的多元功能和高等学校的多重职能决定的。高等教育是自成体系的独特存在，在人才培养这一核心任务外，国家和社会还赋予高等教育多重功能和时代责任。高等教育的多重功能，主要是依靠实施高等教育的主流机构、即高等学校履行多种职能实现的。高等学校在众多社会组织中的地位作用日益凸显，社会责任和使命担当愈发增多加重，是自身能力发展提升和社会更加倚重、寄于厚望使然。借鉴国际上对高等学校职能认识的演进，在新世纪之交，我国从实际出发也形成了相应的较一致认识，普遍认同高等教育承担着培养高级专门人才、发展科学技术文化、促进现代化建设等重大使命。与此相对应，国家希望各高等学校都要更加努力提高人才培养质量，提升科学研究水平，增强社会服务和文化传承创新能力，积极开展国际交流合作等。高等学校在履行多重职能中的表现，像加快发展科学技术第一生产力、开展思想道德教育、培育和践行核心价值观、繁荣和发展哲学社会科学等，必然同社会生产关系和生产力、经济基础与上层建筑意识形态有着密切联系，必定会受到所在国家和地区社会经济、政治制度等发展水平的影响或裹挟、褒扬或制约，同时又对它们起着不可替代的服务与促进、支撑与咨政作用。这也表明，我国高教理论界在 20 多年前概括的"高等教育既具有生产力的社会属性，又具有上层建筑的社会属性"的论述，是有广泛共识的。同时，学界也认为，随着大学职能的新拓展和社会责任的更多担当，高等教育的新社会属性还会派生和显现，如文化属性、服务属性等。特别是，随着对历史经验总结与反思的深化，我国高教理论界进一步认为，无论是对高等教育具有生产力属性，还是具有意识形态等社会属性的认识和把握，既不能偏废，视而不见，又不可偏颇偏激，搞"唯一性"或"取代论"，防止犯历史上曾经出现过的"左"或右的错误，促进高等教育遵循基本规律、基本属性健康发展。在世界多极化经济全球化深入发展、各种社会思潮竞相登场、人才竞争异常激烈的今天，提请我国高等学校增强阵地意识，把牢意识形态工作主动权发言权，是必要的；但需要讲究科学思维和方式方法，关键是加强和改进党的领导，不断创新和完善工作机制，增强做意识形态工作和思想政治教育的能力，着力推进高校意识形态工作人性化协同化科学化。

时代律动和内在逻辑呼唤高等教育更加彰显文化属性

任何社会的教育都同文化文明传承密切联系在一起。文化、特别是人文思想文化和科学文化更是高等教育和大学自始至终赖以生存发展的根基和命脉。大学是知识群英集聚之地，是"知识传播和知识生产之地"。大学又是人文精神和科学精神的摇篮，是理想信念和高尚人格形成之所，是追求科学真理和社会理性良知的重要支撑。知识、精神和德性都是人类文化的象征。大学不仅与生俱来有着传承人类文化和文明的职能，而且随着时代的进步发展，越来越有责任和能力创新创造新文化，并间接直接推动或引领人类文化文明的繁荣发展。大学的教育教学过程，实质上是一个有意识、有组织、有主旨的文化活动过程。大学的教书育人、管理育人、服务育人、环境育人，核心就是文化育人、以文化人。大学的文化特性，还显著体现在科学研究、即学术上。大学教师既从事教学，又从事科研，使科研与教学融合，人才培养和知识及思想创新并进，既提升自己又辐射社会，这是高等教育的共同要求和特性，也是大学组织内生内在的经久不变的文化特质。认清大学组织的广义文化属性，其意义还在于：高等教育和大学应更自觉自信地参与到国际文化交流竞争中来，发挥自身特有的优势。大学在参与国际文化交流时，起初主要还不是国与国之际的文化比拼争胜，更宜倡导增进对彼此文化的了解和认同，互容互鉴，和谐交融，为世界和谐发展和人类命运共同体建设提供示范借鉴。与张扬生产力功能、意识形态（政治）功能往往表现出一种显性直白和功利面目不同，彰显高等教育文化功能和属性，是一种更基础基本、更深沉深厚、更易亲和平等、更可渗透融洽、更能持久生效的内生力量。文化主体意识的缺失，会使人的灵魂飘忽游荡不定，徒增随声附和与随波逐流。今天，我们说要坚定中国特色社会主义道路自信、理论自信、制度自信，说到底是要坚定文化自信。没有文化自信，就谈不上办中国特色高等教育。有文化自觉自信的大学，才会有更好的立德树人自觉、学术创新自觉，才能树立起追求卓越的价值观念，在推进民族文化和人类文明发展中有更佳的表现。文化滋养大学，大学创新文化。世界一流大学无一不是一定人文文化和科技文化的领跑者，创造不出某项几项国际一流文化的大学，是不可能跻身于世界一流大学行列的。一流大学尤其需要有一流成熟的人文文化来熏陶、滋养和激发，建设世界一流大学最不能忘怀的是如何花更大的力气创建一流人文文化，以弥补科技文化的缺陷，使人不至于沦为技术和物质的奴隶，真正做到有灵魂的卓越。

高等教育使命功能的多重性需要整体运筹形成合力

高等教育和大学有对科学真理和学术创新不懈追求的精神。高等教育和大学也该追求善治。随着高等教育功能和社会责任的不断丰富和拓展，治教办学的内外部关系更趋复杂，强调治理的整体性、协调性、现代性显得更加不可或缺。高等教育的整体协调运筹，应关注三个方面：一是高等教育与经济社会发展的外部关系协调；二是高教内部的规模、结构、质量、效益、公平关系的协调；三是大学内部的学科专业、教学科研、人事薪酬等诸多关系的协调。大学的命运与国家的命运紧紧相连，大学创新发展必须深深扎根于民族文化土壤，只有扎根中国大地才能办好中国大学。不能强调创新就不要继承，不能只想取经"西天"而不念自己的真经。大学人更应有不忘原来、吸收外来、面向未来的眼光和胸襟，要始终将协同创新和协同育人的责任扛在肩上，打好组合拳。大学在对多重职能和属性的认知和把握时，应分清主从和轻重、眼前与长远，善于运筹分项与互补、多元与谐动，其中，遵从规律和构建整体合力尤为重要。多元合力考量的是大学的向心力和竞争力，只有齐心合力才能迈向提高教育质量、成果质量、治理质量等共同理想和目标。教学关涉学校生存，培养人才和教学自始至终是大学的第一要务，大学在倡导学术和科技强校时，不可挤压挤对教学，也不应在批评"重科研轻教学"时，连科研也可有可无了。科研既可服务社会、造福人类，也为提升教育教学水平所必须；科研育人是大学义不容辞的责任，也是大学得天独厚的优势。追求一流的研究型大学，既要想方设法提高研究生教育质量，同时必须用心用情办好一流本科教育。办不出一流本科教育，妄言一流大学。一流大学更应体现其办学理念的成熟，大学精神的成熟，归根结底是大学文化的成熟。文化、特别是人文文化是大学育人和科研的沃土，发挥大学文化的潜移默化作用是大学善治、凝心聚力和形成良好风尚的重要方略。育人、科研、服务和文化，大学在履行多重职能中，面临着纵横交错、诸多矛盾的挑战与考验，更需要用创新、协调、绿色、开放、共享的新发展理念去应对和化解，识时顺势而为，主动竭诚作为。

尊奉立德树人　全面推进大学素质教育

立德树人是高等学校的立校之本

育人为本，德育为先，坚韧不拔、殚精竭虑以立德树人为高等教育的根本任务和宗旨，这是我国高教界在长期兴教办学实践探索中获得的一条带规律性宝贵经验，是中国特色社会主义高等教育事业的内核组成。高校的立校之本在于立德树人，所有高校都应把持守立德树人作为核心任务。立德树人能力是衡量一所高校办学质量的根本标准。只有培养出德才齐彰的一流人才的大学，才能够称得上是一流大学。任何对立德树人工作的松懈和言行贬损，都是对大学根本使命和责任担当的背离。立德树人是要解决好培养什么人、怎样培养人以及为谁培养人这一基本问题。树人先树德，树德莫如滋。人才培养质量高不高首先要体现在树德育德水平上。在某些高校深陷功利主义困局、理想信念模糊、价值取向扭曲、社会仰望和信任度有所递减的今天，在一些高校师生中不同程度存在政治信仰迷茫、诚信意识淡薄、社会责任感缺失、心理素质欠佳等问题的当下，强调尊奉立德树人规律和原则，显得更为必要和迫切。高校德育工作只有因事而化、因时而进、因势而新，才能有实效。应以培育和践行社会主义核心价值观为引领，着力从理想信念、民族精神、时代责任、创新奉献、遵纪守法、学德公德等方面加强教育，让学生自觉养成尊德敬德、立德守德的行为规范。立德树人是一项要求极高很复杂的系统工程，需要学校、教师、社会协同作为。实践中，把控好高校意识形态工作、加强和改进思想理论课建设、培育大学文化和大学精神、有效开展社会实践活动、发挥课内课外的协同效应等，无疑都是高校立德树人的重要举措，而这些都离不开教师履行教书育人的能力和优良师德师风的率先垂范。立德树人既是为了学生的成人成才，也是为了教师的成长成功。传道布道者先得明道信道。教师要想真正成为受大学生拥戴的品行之师、学问之师，自身就得修炼高尚德性和过硬本领，使自己成为有理想信念、有道德情操、有扎实知识、有仁爱之心的教师。高校更应理直气壮抓师德师风建设，将师德表现作为教师考核、聘用和奖惩的首要内容。当前尤其要对教师开展学术诚信和学术责任感教育，以师德师风带学德学风，全面协调提升师生思想道德素养。德厚者流光，德薄者流卑。高校应立足学生全面发展、教职员工合力尽责，优化资源配置，弥合差距，立心铸魂，全过程全方位落实立德树人根本任务，为国家和社会培养更多德才兼备、德能齐彰的高素质优秀人才。

实施素质教育是全面贯彻教育方针的时代要求

正是旨在系统探索更好落实立德树人根本任务，素质教育思想自上世纪八九十年代从萌发到正式创立传播以来，一直得到内外上下的高度关注。素质教育思想的源头，是 1985 年改革开放以后召开的第一次全国教育工作会议和《中共中央关于教育体制改革的决定》，其中明确要求提高劳动者素质和国民素质。也就是这一年，清华大学有关部门领导提出"我们确定的改革方向是提高学生的全面素质"。作为以工科为主的清华大学，在 1988 年又明确提出对学生"文化素质"的要求。华中理工大学等领导也在当时就提出要着力提高学生"文化素质"。而在全国高教领域正式引入并大力推进素质教育的重要标志，则是 1995 年 9 月在华中理工大学（今华中科技大学）召开的高校文化素质教育试点研究会，会议大力倡导加强以文化素质教育为切入点的大学素质教育。特别值得注意的是，作为发端于一线教育工作者探索的理论成果，素质教育思想上升为国家纲策并持续推行的强度是历史所罕见的。最鲜明的有三次，第一次是 1999 年 6 月，《中共中央国务院关于深化教育改革全面推进素质教育的决定》公布，明确指出：实施素质教育，就是全面贯彻党的教育方针，以提高国民素质为根本宗旨，以培养学生创新精神和实践能力为重点，造就"有理想、有道德、有文化、有纪律"的、德智体美等全面发展的社会主义事业建设者和接班人；全面实施素质教育，要面向现代化、面向世界、面向未来，使受教育者坚持学习科学文化与加强思想修养的统一，坚持学习书本知识与投身社会实践的统一，坚持实现个人价值与服务祖国人民的统一，坚持树立远大理想与进行艰苦奋斗的统一。第二次是 2004 年，《中共中央国务院关于进一步加强和改进大学生思想政治教育的意见》发布，坚定要求以大学生全面发展为目标，深入进行素质教育；加强人文素质和科学精神教育，加强集体主义和团结合作精神教育，促进大学生思想道德素质、科学文化素质和健康素质协调发展。第三次是 2010 年 7 月，由中共中央国务院发布的《国家中长期教育改革和发展规划纲要（2010—2020 年)》强调指出：坚持以人为本、全面实施素质教育是教育改革发展的战略主题，是贯彻党的教育方针的时代要求，其核心是解决好培养什么人、怎样培养人的根本问题，重点是面向全体学生，促进学生全面发展，着力培养学生服务国家和人民的社会责任感、勇于探索的创新精神和善于解决问题的实践能力。顶层决策对素质教育极富指向性的精要概述，既鼓舞着理论工作者不弃不离的探索信念，又推动着教改实践的广泛深入开展，使高校的素质教育、特别是文化素质教育工作取得了历史性突破和重大成果，为全面贯彻教育方针，转变教育观念、深化教育教学改革、提高人才培养质量进行了开创性的有益探索。

素质教育思想是中国特色鲜明的重大教育理论和实践成果

素质教育作为一种现代教育思想和理念，由中国教育界立足本土实践、依据现代人的发展和教育规律、吸纳古今中外教育文化优良传统探索形成并创立，蕴含着鲜明的中国特色和中国话语表达。与基础教育界针对应试教育弊端而倡导素质教育有所不同，高等教育界开展素质教育探索，起因主要是为了改变"一过四偏"，即人文教育过弱、课程内容偏旧、教学方法偏死、专业口径偏窄和外语水平偏低这五种病态。素质是在人的先天生理基础上经过后天教育和社会环境的影响，由知识和经验内化升华而养成的品质或品格。素质教育思想主张在传授知识、培养能力的同时更加重视学生素质的养成和升华，强调融知识传授、能力培养和素质养成提升于一体。处理好知识、能力和素质之间的关系，是确定高等学校素质教育思想的逻辑基础。知识、能力、素质是素质教育的三个关键词，但不是并列等同的关系，也不是相互割裂各不相干的关系，而是认识发展过程中的兼容递进、内化升华的关系。学生在学校所学的知识，会因时代的变化而老化、而淡忘，但由知识和能力内化的素质及精神，对学生将来事业的影响却是久远的，直到终身受益。也就是说素质的提升和发展是人优异发展的核心因素与能量聚积，不可以将素质教育当成应时之举措。与全面提高学生基本素质和核心素养相对应、相兼相融，大学素质教育思想主张着重提升四个方面的素质，即思想道德素质、文化素质、业务素质和身体心理素质。其中思想道德素质是根本，文化素质是基础。素质教育是以人为本的教育，是依从人的全面健康发展之需要而探索创设的教育，其精神实质就是立德树人。素质教育对于通识教育是借鉴与超越的关系，而不是简单的靠拢和照搬。素质教育融合通识但不止于通识。素质教育也不是要排斥和取代大学专业教育，而是要突破和超越狭隘的专业教育思想及实践。素质教育主张以德为先、能力为重、全面发展；素质教育注重人格和精神情操的养成，不仅要使学生有相当的专业知识和能力，还要在人格健全、品行高尚、身心健康、审美优雅的基础上培养学生在现实生活中生存发展、在社会实践中开发潜力潜质乃至创新创造的智慧和本领。换言之，立足国情教情，对通识教育和狭隘专业教育的兼容和超越，是素质教育思想的重要特征和创新所在，也是其优长所在。

广泛深入开展大学文化素质教育切中时弊涉及根本

从国情教情出发，积极推行文化素质教育，并以此为突破口推进大学素质教育，是我国高等教育的重要理念和实践创新。开展文化素质教育，强调贯穿于人才培养全过程、渗透于专业教育之中，主张通过彰显人文精神和整体优化教学过程来实现，注重潜移默化的熏陶和知识精神的内化过程，重视课内课外多种形式途径的教育与实践。这些做法针对性强，切合高校现实需求，契合推进素质教育的精神，从一开始就得到了众多高校的热烈响应和学生的欢迎。有学者用"顺应潮流、切中时弊、涉及根本、影响深远"来概括评价经久不衰的大学文化素质教育，切合实际并不为过。也有学者认为，我国高校广泛开展的文化素质教育，其意义和效果实可与国外的博雅教育和通识教育相比肩，而且更适合中国国情教情。实践运行中，是"三注"的提出，即注重素质教育、注视创新能力的培养、注意学生个性的发展，把素质教育思想引入到了高等教育领域；而"三提高"要求的提出，即提高学生的素质特别是文化素质、提高教师的素养特别是文化素养、提高学校的品位特别是文化品位，则使大学素质教育特别是文化素质教育理念、内涵得以丰富充实，重点更加明确。尔后，又提出的三个结合，即文化素质教育与提高教师文化素质相结合、文化素质教育与思想政治教育相结合、人文教育与科学教育相结合，更使大学文化素质教育的实践领域进一步拓展，方向感和契合度不断增强。有效开展的大学文化素质教育，悄然使我国高等教育人才培养质量、特别是人文素养发生较为深刻的变化。凡有力开展文化素质教育的高校，加快了教育观念的更新，从人才观、质量观、教育观等方面都有对传统思想观念的反思和突破；推动了教育教学改革，大都对人才培养模式、教学内容和课程体系、教学方法和途径作出相应调整和变革，有效改变了专业设置偏窄带来的弊端；促进了学校文化品位、人文精神和学风等整体发展水平的提升，使学生获益匪浅。随着文化素质教育研究和实践的深入，人们越来越深刻地认识到，文化是教育的根，文化育人应成为一种信念。文化是素质教育的基础，素质教育的精髓在文化、特色在文化、魅力在文化。在高科技越来越发达的背景下，彰显人文思想文化显得格外重要；没有人文文化的引领，科技文化可能会是一匹脱缰的野马，不知要通向何方。着眼文化自觉自信，在高校继续彰显和深化文化素质教育，仍不失为一件一举多得极具正义性的大事情好事情。

加强体育和美育是素质教育思想应有之义

促进学生德智体美全面发展，是素质教育思想的初衷。促进体育和美育水平的提高，理应是实施素质教育的重要关切。相当一个时期以来，不太重视体育和美育又是我国不少学校教育的明显缺陷和短板。"说起来重要，做起来次要，忙起来不要"，曾经是对学校体育和美育的一种流传甚广的讽喻。真正懂教育的行家是绝不会轻忽体育和美育的。体育和美育对杰出人才建功立业所发挥的奇特效能不乏先例。各高等学校应切实加强体育，牢固树立健康第一的观念，提高体育课教学水平和质量，强化课外锻炼指导；有效开展心理健康教育，培养学生顽强拼搏精神、团结合作精神和法治精神，促进学生身心健康、体魄健壮、意志坚强；重视劳动教育和生命教育，培养学生热爱劳动、热爱劳动人民的感情，懂得尊重和敬畏生命。现代社会，美盲堪比文盲可悲可叹，美盲靠一般知识也无法化解。加强美育，不仅是培养学生良好审美情趣和人文素养的需要，而且对社会尚美风气的形成具有导向作用。应着眼增强文化涵养、净化人的心灵、提升人的格调品位等，健全美育发展支持服务体系。素质教育倡导丰富学生文娱生活，但并不局限于此。美育还应引导学生体验思想之美、精神之美、创新之美。应把社会主义核心价值观作为高校美育的灵魂，将其融入到美育的各个环节和全过程；加强美育课程建设与教学改革，优化学生高雅艺术实践与校园环境建设，统筹整合学校与社会美育资源，形成美育协同育人合力，为全体学生提供更多享有接受美育的机会；应通过对美育评价标准的建设与研究，完善可评鉴、可落细落地的美育实践，更好发挥美育在提升学生综合素质、在立德树人中的不可替代的功用，有效促进德、智、体、美诸育融通融合，让学生在感受美、鉴赏美、表现美和创造美的氛围中健康生活成长。

继续探寻全面提升大学生综合素质的理论与实践路径

作为一种新的教育思想和理念，素质教育特别是文化素质教育在我国高校主导践行了20余年，在我国高等教育发展史上已经留下了浓墨重彩的光灿一页，并受国际同行的关注。这本身就是一件了不起的事情。但客观地看，素质教育在践行中还是遇到了新的困惑，"战略主题"在某些高校被边缘化甚至有淡出的可能。这不应成为动摇有志于素质教育、特别是文化素质教育实践和理论工作者不懈探索的理由。尤其是教育理论研究，要跳出习惯于跟着某些领导即时关注点跑，或被短暂性舆论热点牵着鼻子走的思维定势，破除对外国教育理念过于依赖及迷信，坚持理论自我创新的决心和信心，以锲而不舍的思维定力和勇气，继续深入探求推进素质教育的理论和实践问题，共同探寻大学生诸方面素质素养进阶之道，为更新教育思想、创新人才培养模式、全面提升大学生综合素质提供新的理论支撑和指导。要以问题为导向，着力完善素质教育思想理论体系构建，注重抓好理论阐释和理论转化工作。事实上，从世界范围看，基于培养学生"核心素养"的课程改革正在成为国际性潮流。我们有理由相信，观照素质教育思想，进一步探索如何在人才培养格局上形成德智体美相互促进融合的局面，开拓立德树人新视野新潜能，如何在教育内涵上从"知识传授""能力培养"向"提高素质""升华素养"转变、保障学生核心素养不缺不弱，如何在工作重点和管理上建设德才兼备高素质专业化教师队伍、建立健全相应的考核评价机制等深层次问题，是会有新发现、新建树的。有识有志于研究和践行素质教育思想的人们对此都应抱有充分的自觉和自信。

创新理念机制　全面加强党对高校的领导

高等教育发展应主动融入并引领社会信息化潮流

现代信息技术正深刻地影响世界，高等教育并未置身事外。信息化是高等教育现代化的重要标志，也是推动高等教育优质公平发展的极为重要手段。在信息化大潮中，高校不但扮演了信息科学技术发展的重要推手，而且也是引领信息技术开发和优先应用阵地。高校的信息化已经并将进一步带来高等教育发展理念和方式的大变革。高等教育信息化要以应用驱动为导向，不广泛应用或应用不当，都会使学校教学的生机活力大打折扣。应努力克服信息化与教育教学"两张皮"的现象，构建人人可享有优质教育资源的信息化学习环境。推进高等教育信息化，加强基础设施和信息资源建设，促进教育内容、教学手段和方法现代化，有利于创新人才培养模式、科研组织和社会服务方式，推动文化传承创新，促进全面提高高等教育质量。推进高等教育信息化，应找准互联网技术与教学、管理结合点，加强智慧校园建设，构建现代化的高等教育信息基础设施，建立高等教育数字资源共建共享机制；要加快课程和专业的数字化进程，全面普及网络教育教学，创新信息化教学与学习方式，提升个性化互动教学水平，培养学生利用信息化系统自主学习、自主管理、自主服务的意识与能力；要建设知识开放共享环境，利用信息技术加强与科研院所、企业共享科技教育资源，构建数字化科研协作支撑平台，推进研究实验基地、大型科学仪器设备、自然科技资源、科学数据文献共享，支持跨学科、跨领域、跨地区的协同创新。信息化是一场持久的技术革命，能极大地助推高等教育教学技术和方法现代化；信息技术又是一把双刃剑，没有正确思想理念指导，也会产生负面影响，危及信息安全。人是一切技术发展进步的原动力和主宰，用先进思想指导信息化发展，应成为高校的理性选择。

抓住加快高等教育现代化发展的历史新机遇

中国推动教育现代化经历了一个漫长的历史过程，从近代到现代，从新中国成立半个多世纪，特别是改革开放近四十年以来，教育现代化历经艰难曲折探索，已经进入一个崭新的阶段。以党的十八大明确提出"到2020年，教育现代化基本实现"和正在规划部署的"中国教育现代化2030"为标志，中国教育现代化已经或正在成迎来加速发展的"黄金时期"。国人对教育现代化战略定位和重大意义的认识又有了新提升：以教育现代化支撑国家现代化。这就意味着没有教育现代化就没有国家现代化，也没有社会和公民、每个家庭、每个子孙后代的美好未来。中国社会主义现代化的关键是人的现代化，只有以人的思想观念和治理能力现代化，才能更好地引领推进科学技术、社会物象和精神文化等全面现代化。人的现代化，没有教育的现代化是不可想象的。高等教育作为教育的龙头，在实现人的现代化中具有特别重要的意义，在支撑国家现代化中发挥着不可替代的特殊作用。这不仅是高等教育战略地位的提升，更意味着高等教育担负了更大的使命和责任。比照世界发达国家的现代化标准与高教发展战略，立足于我国"两个一百年"的奋斗目标，既应看到我国高等教育现代化所取得已有成就，要有自信；也应看到存在的差距和问题，抢抓历史新机遇，奋力赶超，以加快高等教育现代化发展步伐，进一步提升服务支撑国家现代化的能力和贡献率。加快发展高等教育现代化，不仅需要进一步推进条件装备和技术现代化，争取国家和社会的更多支持；更需要高教界以创新驱动发展，加快高等教育思想观念现代化、治理体系和能力现代化、师资队伍建设现代化、教育教学内容体系和方式方法现代化、人才培养机制和能力现代化等。就是要通过加快高等教育现代化，向建设高等教育强国目标迈进，并以高等教育强国建设更好地支撑我国从人才大国走向人才强国，从科研大国走向科技强国，从经济大国走向经济强国。

要更加关注高等教育人才发展体制机制改革

人才是高等教育创新提质发展的决定因素。高校不仅要善于"聚财"，更要关注"聚才"。系统推进高校人才发展体制机制改革，把人才的智慧和创新创造潜力释放激发出来，是当前和今后高教系统的重大课题。优化高教人才发展体制机制的首要问题，是大力推进人才管理体制改革。应着力理顺政府、社会、市场与高校的关系，切实解决好人才管理中过于行政化"官本位"偏向，不再简单套用行政化"参公管理"约束学者和科学家，为人才松绑；要向用人主体放权，健全市场化、社会化的人才管理服务体系，支持和引导高校提升内部治理能力，建立制度规范，使上级下放和转移的人才管理权及服务职能接得住、用得好、效能高。要创新高校转变人才培养机制和创新人才评价激励机制，这是抓实人才管理改革的中心环节。就师资管理而言，应以中青年和创新团队为重点，优化成长发展、脱颖而出的制度环境，坚持培养与引进兼顾，教学与科研并举；通过实施好"千人计划""万人计划""长江学者奖励计划"等人才项目，造就一批具有国际影响的学科领军人才和高水平教学科研团队，为推进高校、特别是世界一流大学一流学科建设、全面提升高等教育质量夯实人才保障基础。要坚持分类评价，遵从基础研究、应用研究和技术开发、哲学社会科学人才评价特点，发挥同行评价、团队评价、第三方评价作用，建立科学化、社会化、市场化的人才评价制度。改进评价方式，强化聘期考核，适当延长基础研究人才评价考核周期，鼓励人才从事重大原创新研究。健全符合高校特点、体现岗位绩效和分级分类管理的薪酬分配制度，落实科技成果使用、处置和收益管理自主权，保障教师在科技成果转移转化中的合理收益。优化财政教育经费支出结构，加大人才开发投入力度，鼓励通过开展合作、募捐等方式多渠道筹措资金，为人才发展提供更多支持。健全人才荣誉表彰体系，营造褒扬优秀卓越、激励创新创造的良好氛围。

创新人才培养机制是提高教学质量的紧迫任务

牢牢抓住全面提高人才培养能力这个核心点，下大决心花大力气创新人才培养机制，应成为当前和今后高校教学工作、特别是教学改革的主要着力点和紧迫任务。所谓人才培养机制，指的是人才培养过程中的诸要素，包括培养目标、培养标准、课程体系、教学方式、教学资源、教学运行、教学评价等诸环节的构造、功能及其相互关系，所有这些都直接关涉到高校教学能力水平和质量。随着实践探索的不断深化，也针对教学质量面临的严峻形势，有识之士逐渐认识到，人才培养机制陈旧落后是很多高校提质乏力的症结所在。创新人才培养机制，需要高校整体筹谋，抓好重点。一是要解决人才培养"粗放式"与经济社会发展"精细化"的矛盾，着力加强实践性环节与机制建设，如建立"产学研一体化"培养联合体，创立高校与科研院所、行业企业联合培养人才的新机制，推行产学研联合培养研究生的双导师制，在职业教育领域则要深化产教融合、校企合作机制。二是要解决人才培养在经济社会转型发展中引领缺失问题，着力加强创新创业教育，培养学生创新素质与实践能力，并建立起学生的创新素质提升与实践能力培养的互动机制；建立高校与行业企业之间的"联合机制"，使高校毕业生不仅成为现有工作岗位的求职者，而且要成为未来工作岗位的创造者；建立教学与科研的互促机制，推动高校创新组织模式，培育跨学科、跨领域的科研与教学相结合的团队。三是要解决人才培养各阶段相互分割、缺乏衔接问题，着力构建人才培养的一体化机制，包括前后衔接的创新型人才培养系统化机制；强化以培养目标为导向的人才培养过程诸要素关联机制。

加快实现从以教为中心到以学为中心的转变

随着信息技术、心理科学和教育科学的发展，以及世界高等教育变革的演进，从以教为中心到以学为中心，即"以学生为中心"的教育理念开始深入人心。知易行难，现实的问题是如何在统一认识的基础上付诸有效行动。以学生为中心，最根本的是要实现从以教师"教"为中心向以学生"学"为中心转变，从教师本位、管理者本位向学习者为中心转变。以学生为中心，是以学生的学习和发展为中心。应着力于学生的发展，着力于学生的诉求，着力于提升学生的学习效果。教育的根本在于调动和发挥学生的主观能动性，教是为了不教。每一个人都是一个相对独立而完整的世界，每个人学习成长的问题最终只能由自己解决。以学生为中心的教育，是个性化的教育，学校应尊重学生发展的选择权，调动学生发展的主动权，让学生在多样化教学的选择中发现潜能、发展特长、培养创造性，使青出于蓝而胜于蓝。以学生为中心不是指教师与学生角色、身份、地位的高低，而是教学理念、管理理念、服务理念的转变，教学方法、评价手段的转变。落实以学生为中心的理念，有必要构建富有生气互动上进的师生学习共同体。高水平的教师是学习共同体的主导，主导服务于学生主体生动活泼地学习钻研。教师不但要思虑"怎么教"，更应关心"怎么学"，主动研究当代大学生的学习和思维特点，为每个学生提供最合适的教育，使学生的潜能得以更好发展发挥。

将创新创业教育融入人才培养体系是时代新要求

随着知识经济发展的深化，国家需要依靠科技进步和提高劳动者素质来推动经济社会发展。同建设科技强国的目标相比，我国发展还面临重大科技瓶颈，关键核心技术受制于人的格局没有从根本上改变。新形势下，国家对高等教育的人才培养质量提出了更高的要求，亟须培养大批创新创业型人才和应用型人才。创新创业型教育适时应运而生。创新创业教育是适应经济社会和国家发展战略需要，以培养学生创新精神、创业意识和创业能力为内容，注重知行合一、激发学生创造力的教育活动。创新创业教育首先是一种新的教育理念，体现着知行统一的哲理，倡导以知促行、以行促知，体现个体价值、社会价值和知识创新价值的有机统一，促进个性化教育的深化。创新创业教育需要通过课程创新创业项目和课外创新创业教育项目来实现。创新创业课程项目包括开设通识类创新创业课程、基于专业技术背景的专业类创新创业课程、创新创业提高班、毕业设计中的创新创业教育、个性化实践课程等。课外创新创业课程项目包括学生自主创业、各类社团、各类竞赛、申请专利等。扎实推进高校创新创业教育，是深化高等教育教学综合改革的突破口，也是促进高校毕业生更高质量创业就业的重要举措。把创新创业教育融入人才培养体系，就要完善人才培养标准，创新人才培养机制，改革质量考核方法和学籍管理制度，完善政策保障和经费支持体系等；同时还必须努力增强教师的创新创业能力建设。

在优化国际交流合作中增强高等教育国际发展话语权

受国内外环境影响，我国曾经与其他国家高等教育少有交流与合作，导致我国高等教育与先进国家的差距拉大。历史的经验教训表明，闭关锁国的结果只能是落后。新科技革命和知识经济是当今世界发展的重要特征，它不仅影响了世界科技和经济的发展，而且带来了国际社会的深刻变革。高等教育是新科技革命和知识经济的温床，发达国家高等教育为新科技革命和知识经济发展注入了不竭的动力。改革开放以来，我国不断加强高等教育的国际交流与合作，大胆吸收和借鉴人类社会的一切文明成果，成为发展我国现代高等教育事业的重要路径，促进了我国高等教育国际化水平的不断提高。在经济全球化发生新动向的今天，国际化依然是我国高等教育发展的重要任务，要不失时机地进一步加强和优化国际交流与合作，更多参与国际高等教育事务，增强国际发展权和话语权，不断培育国际交流合作新优势，扩大我国高等教育国际影响力。既要善于将"国际经验本土化"，又要敢于将"中国经验国际化"。要在加强国际交流与合作中进一步发展留学生事业，出国留学人员是宝贵的人才资源，要根据"支持留学，鼓励回国，来去自由，发挥作用"的方针发展留学事业，支持留学人员在外学习研究，鼓励他们学成归来，采用多种方式为祖国现代化建设做出贡献。要不断完善来华留学生的招生和管理办法，推进来华留学事业全面协调可持续发展，提高来华留学教育水平，建立与我国国际地位、教育规模和水平相适应的来华留学工作与服务体系，打造"留学中国"品牌。

推进大学章程建设是健全现代大学制度的基石和标志

依法制定和实施大学章程，是现代大学的基本要素，是建立现代大学制度及落实大学法人地位的标志和基石。在我国，大学章程建设称得上是一项开创性工作。目前，全国本科高校章程起草与核准工作已基本完成，公办专科层次高校的章程起草与核准也在有序推进，实现一校一章程指日可待。制定一部高质量的章程不易，执行和实施章程更难更重要。章程的尊严和生命力在于遵行，有章程不实行，其危害甚至大于无章程。高校章程经过政府核准，成为规范双方权利义务关系的文本依据。高校的举办者、主管教育行政部门应当按照政校分开、管办分离的原则，以章程明确界定与学校的关系，明确学校的办学方向与发展原则，落实举办者权利、义务，保障学校的办学自主权。高校则应当按照高等教育法的规定，围绕人才培养、科学研究、服务社会、文化传承创新、国际交流合作等任务，通过章程健全学校办学自主权的行使与监督机制，明确学校内部治理结构，包括内部决策机构、行政机构、学术机构的设定，机构间的运作程序，各机构及重要岗位的职责、义务等。在章程执行过程中，要将众多的教育利益主体包含在执行主体中；对于所涉及执行主体的权责进行详尽的规定，并在此基础上形成明确而协调的大学内部治理结构；激发高校组织执行文化的内生力，将来自于行政力量的制度规约最终转化为执行文化塑造，推进依法照章治校进程。章程的实施情况，是体现高校治理水平和执行力的重要标志。应建立章程实施的评估和监督机制，把章程实施情况纳入对高校评估的内容和对学校领导考核评价的内容，并通过专项评估、第三方评估等，推进高校以章程建设为核心完善制度体系，形成依法依章自主办学的格局。

党的领导是中国特色现代高等教育治理的核心体现

世界一流高等教育的发展过程，既不是发展指标简单地一一对应，更不是对其他国家高等教育体制的简单复制和模仿。中国的独特历史、独特文化、独特国情，决定在中国建设现代高等教育的过程中既要符合高等教育的一般规律，又要走自己的高等教育发展道路，坚持中国特色的办学制度。而中国特色现代大学制度，最核心、最鲜明的体现就是党的领导。众所周知，中国是社会主义国家，中国共产党是社会主义各项事业的领导核心，中国共产党的领导是中国特色社会主义制度的本质体现，加强中国共产党的领导同样是发展中国特色现代高等教育的根本保证。这也必然要求，办好中国特色社会主义高等教育，必须坚持以马克思主义为指导，坚持正确政治方向，全面贯彻党的教育方针，使高校成为坚持党的领导的坚强阵地。要在党的领导下，强化思想引领，牢牢把握高校意识形态工作的领导权，按照社会主义本质要求，更好地落实立德树人的根本任务，把培育和践行社会主义核心价值观融入到教书育人的全过程，培养出全面发展的新人，肩负起培养社会主义事业的建设者和接班人的重大政治任务。为切实加强党对高校领导，经过长期实践探索，我国已找到并确立了适合我国国情教情的高校领导体制，那就是党委领导下的校长负责制。国情和实践已经并将进一步证明：党委领导下的校长负责制，就是我国高校的根本领导制度和工作制度，是中国特色现代大学制度的核心坐标，是不断推进高校治理体系和治理能力现代化的体制保障。由此，高校党委的职责更清晰：对学校工作实行全面领导，承担管党治党、办学治校主体责任，把方向、管大局、作决策、保落实。同时要加强高校党的基层组织建设，发挥好院系党组织的政治核心作用，创新基层党建的结构和功能，改进工作机制和方式，提高做思想政治工作的能力，使每个师生党员做到在党言党、在党为党，保证监督党的路线方针政策及上级党组织决定贯彻落实。坚持和加强党的领导，就得从严治党，不断完善党对高校领导的体制机制，切实提高党领导高校改革发展的能力和水平。

聚焦时代新命　踏上建设高等教育强国新征程

　　兴教随国运，朋辈当自强。奋力前进在中国特色社会主义道路上的当代中国，正在进行着人类历史上最为宏大而独特的实践创新，党和人民对高等教育的厚望比以往任何时候都更加迫切，对科学知识和卓越人才的渴求比以往任何时候都更加强烈。我国高等教育的发展方向，应同国家发展的现实目标和未来方向紧紧联系在一起，高等教育发展都应遵循这样一条规律：因时而兴，乘势而变，随时代而行，与时代同频共振。党中央作出加快世界一流大学和一流学科建设的战略决策，就是要加快提高我国高等教育整体发展水平，增强国家核心竞争力；就是要力推我国高等教育由大向强转化，到本世纪中叶基本建成高等教育强国。向内看，建设高等教育强国，就是要自觉大幅提升高等教育为人民服务、为中国共产党治国理政服务、为巩固和发展中国特色社会主义制度服务、为改革开放和社会主义现代化建设服务的能力和本领。自新世纪之交高教界有识之士率先呼吁将建设高教强国作为奋斗目标以来，得到了广泛响应，并有一批高教强国学术研究成果问世，成为时代心声。如今，建设高等教育强国已上升为国家意志和战略，我国已踏上建设高等教育强国的新征程。这项重大战略任务无比艰巨又无上光荣，涉及面广深而责任主体固有。外部提供的条件、营造的氛围不可或缺，而起决定作用的是在党的领导下，依靠高教界自上而下和自下而上的矢志不渝、奋力拼搏。在建设高等教育强国进程中，"中国特色，世界水平"是基本目标要求；扎实推进"双一流"建设是新战略举措和示范引领；在改革创新中加快高等教育现代化步伐是必由之路；戮力率先建成一批高教强省（市）和办好各级各类高等学校是重要基础支撑。建设高等教育强国是开创性的伟业，而任何开新业都离不开以思想观念变革为先导。以往高等教育改革发展由于缺乏前瞻性的科学理论指导而出现某些偏差、甚至失误的教训，我们应当正视和汲取。高等教育理论研究高度和理论应用水平，在很大程度上反映出一个国家高等教育发展的成熟度。加强高等教育科学研究，立志高等教育思想理论系统研究和创新，是高等教育强国建设题中应有之义。做优做强高等教育科学研究，应坚持问题导向，夯实学理支撑，注重理论转化应用。要通过研究深刻把握高等教育发展规律、人才成长规律，不断推进我国高等教育科学研究发展，积极构建中国特色高等教育思想理论体系。当前和今后一个时期，应在继续关注改革开放以来我国高等教育改革发展实践经验集成、总结、提炼的同时，更多聚焦高等教育强国之路或实现路径等重大问题的前瞻性研究。要让更多的人清醒：道艰且长，行则将至；走中国特色高等教育强国道路，务必从跟在别人后面亦步亦趋、简单模仿转向立足国情教情、自立自主创新；通过克艰攻难自觉清醒的不懈探索，进一步增强道路自信、制度自信、理论自信和文化自信。

（原载《中国高教研究》2017年第4期；《中国特色高等教育思想体系论纲》，高等教育出版社，2017年出版）

第四辑

高教改革史说

心语小引：

历史是一部很好的教科书。实事求是地汲取高校改革的经验与教训，必将得益多多。从新中国成立至改革开放前的 30 年而言，尽管"改造、改革、革命"等口号不绝于耳，但留下教训不少，真正谈得上符合国情、教情、校情，合规律探索，且成效显著、得到普遍认同的高教大改革、大发展、大建设、大变化，是改革开放以来的事。在社会上引起过大反响，使高教事业发展跃上大台阶的，要数早期的高考改革和上世纪八九十年代的高教管理体制大改革等。进入新世纪以来，我国高等教育建设和发展的确又取得了长足进步，但人们热盼的以新的教育教学大改革促教育质量大提升，加快高等教育现代化，提速由大向强转折的局面，来得有些迟缓了。重要原因，在于真改革少了，教学或育人机制这个核心改革被边缘化了。全面提高人才培养能力这个核心点未能牢牢抓住。鉴于此，有必要提醒人们持续不断地追问"大学的问题改革和改革问题"，尤其是有必要对大学改革本身存在的问题进行深刻反思，并作有效化解。这样的呼吁引起一定反响，近些年已有改观。以下概述摘录于《中国教育改革大系·高等教育卷》总论部分。该丛书获得第四届中国国家出版政府奖。

高等教育改革发展历程论概

改革开放30多年来，中国由一个贫困的国家，上升为全球第二大经济体，中国的人均生活水准悄然提高，人民生活状况持续改善，综合国力和国际地位跃升。改革，给中国高等教育发展释放的能量，同样是巨大的。一个高教大国横空出世，国人上大学难的问题基本解决，正在加快从人口大国向人力资源大国的转变。中国，加快高等教育现代化，由高等教育大国向高等教育强国迈进的步伐不可逆转。

当前，中国经济社会发展到了重要时刻，一场克难攻坚、全面深化综合改革的新的伟大实践刚刚开始。新一轮改革涉及我国社会发展的方方面面，新旧矛盾和问题交织出现，下定决心，排除万难，绝非一句口头禅。广受社会关注的高等教育改革之路怎样延伸？新问题、新困惑甚至新危机能否逐个破解？高等教育的"中国奇迹又一季"何时能到来？能否以新的全面深化综合改革推动高等教育整体水平和质量大提高？这些问题在考验着国人，特别是高等教育界。

改革开放前的曲折求索之路

人们普遍认为，中国高等教育真正意义上的改革，是于 1978 年国家全面实行改革开放政策以后开启的。中国特色现代高等教育体系的初步构建，也是与中国特色社会主义道路及其思想理论体系建设同步推进的。同时，我们也要清醒地看到，高等教育改革是在吸取了新中国成立以来 1978 年的正反两方面经验教训基础上开展起来的，甚至是在对近代以来中华民族高等教育艰辛发展历程中感悟出来的，具有相应历史根源和广泛现实基础。中国人民在中国共产党领导下进行的"革命—救国，建设—兴国，改革—强国"的伟大实践，是一个持续奋斗、接力求索的较长历史过程。与之相对应，中国高等教育和广大知识分子也经历了由教育救国、教育兴国到教育强国这样一个依次递进、逐步提高的认识和实践发展历程。在这个求索过程中，我们获得了很多经验，也有不少失误，有成功也有曲折。正是有了正反两方面的经验教训，才使得我们的改革有了历史的借鉴和现实的诉求。

一、新中国高教制度的初创

1949 年 10 月 1 日，中华人民共和国宣告成立，服从新政权、服务新建设，面向广大民众的新中国高等教育发展事业，由此启史立命，自展画卷，求索前行。

新中国成立时，全国文盲遍地，大陆五亿人口中文盲占比达 80% 以上；高等教育资源更是稀缺，每万人口中在校大学生只有 2.2 人。当时，全国有各类规模很小的高等学校 205 所，其中，国立和省立学校 123 所，私立学校 61 所，教会学校 21 所，共计在校学生约 12 万人；[①]而且学生大都来自有权有势有钱家

---

① 改革开放 30 年中国教育改革与发展课题组. 教育大国的崛起 (1978—2008)[M]. 北京：教育科学出版社，2008：179.

庭，寒门子弟上大学真是比登天还难。人民政权决心尽快改变这种落后面貌。

为了适应新中国建设大业的新形势，满足发展科学文化事业对人才的迫切需求，新成立的中央人民政府迅速担起改造旧教育、发展新教育的重任。1949 年 12 月，第一次全国教育工作会议在北京召开，会议提出了"以老解放区新教育经验为基础，吸取旧教育有用经验，借助苏联经验，建设新民主主义教育"的精神，明确了"教育必须为国家建设服务，学校必须为工农开门"的方针和任务。1950 年 6 月，中央人民政府教育部召开第一次全国高等教育会议，进一步讨论研究了新中国高等教育的方针、任务等重大问题，对新中国高等教育体制和办学改革作出了规定和部署。不久，政务院批准了此次会议研究制定的《高等学校暂行规程》《关于实施高等学校课程改革的决定》等文件，并先后颁布了《关于改革学制的决定》和《关于高等学校领导关系的决定》。这些重大政策和法规的出台，标志着新中国高等教育制度的初步建立。不久，私立和教会学校在中国大陆不复存在，所有高等学校都归属国有公办，学生实行免费统招统分的政策也相继推出。

1952 年，教育部根据"以培养工业建设人才和师资为重点，发展专门学院，整顿和加强综合性大学"的方针，在全国范围内开始了高等学校院系调整工作。次年，新成立的高等教育部出台《全国高等学校院系调整的计划》。这次调整本着"整顿巩固、重点发展、提高质量、稳步前进"的方针，是在"从无计划到有计划，到按照计划办学，从盲目发展到根据需要与可能条件按照一定比例发展"的计划经济指导原则下进行的，依然主张学习苏联经验，向苏联模式靠拢。通过调整，将原来设置分散、条件太差的学校合并或撤销，建立了一批新的专门学院或学科，各院校还普遍开办了夜间大学，丰富了高等教育结构。普通高等学校数量虽然有所减少，但总体招生规模在扩大，基本满足了国家建设对高等教育的要求。

针对高等学校过分集中在沿海或临近沿海的大城市，地区分布极不合理，与工业产业结合不密切等实际，在 1955 年修订发展国民经济第一个五年计划时，中央要求高等教育建设必须符合社会主义建设的要求，必须和国民经济的发展计划相配合；学校的设置分布应避免过分集中，学校的发展规模一般不宜过大，高等工业学校应逐步地和工业基地相结合。根据中央精神，高等教育部有组织有计划地再次进行院系调整，并采取相应措施加快内地高等教育发展步伐。在这次调整中，动作和影响最大的是将原在上海的具有较好基础的交通大学大部分专业和师生迁至西安。这对加快西部，特别是陕西高等教育事业的发展起到了积极作用。后经国务院批准，交通大学的西安部分改称西安交通大学，上海部分改称上海交通大学，成为两所独立建制的著名高等学府。

自 1952 年至 1957 年，历时六年的高等学校调整工作基本结束。截至 1957 年，全国高等学校达到 229 所，其中文理为主的综合性大学 17 所、工业院校 44 所、师范院校 58 所、医药院校 37 所、农林院校 31 所、艺术院校 17 所、语言院校 8 所、财经院校 5 所、政法院校 5 所、体育院校 6 所、其他院校 1 所，基本上达到了整顿与加强综合大学，发展专门学院，首先是工业学院和师范学院的调整目的，工科和师范科的院校及学生比重明显上升，院校地区分布不合理的状况也有所改善。特别是管理体制的变化更为明显。当时国家大型企业都由中央业务部门管理，与此相对应，高等教育也形成了"部门办学"的体制。即综合性大学、理工、师范和外语院校由中央教育主管部门管理，中央业务部门也创办并管理主要为本部门、本行业培养专门人才的单科性高等院校。1954 年，全国共有高等院校 188 所，只有 17 所由省、区、直辖市管理。到 1955 年，全国 227 所高等院校基本上都由高等教育部和中央各业务部门管理。

在院校科类专业不断调整和办学体制改变的同时，高等学校的教学改革等也在进行不断的摸索。1952 年 10 月，教育部就试行全国统一教学计划发文，指出为了配合祖国大规模经济建设和文化建设的到来，有计划地培养各种建设人才，彻底改革旧教育，制订全国高等学校各专业统一教学计划，就成为高等教育改革的中心环节之一。1954 年 8 月，高等教育部又发出通知强调：教学计划是教学工作的大法。学校在执行高等教育部批准的统一教学计划时，不得随意变动。由于统一的教学计划和教学大纲是参照苏联五年制教学计划编制的，课程数偏多，教学时数偏高，造成学生学习负担过重。因此，经国务院批准，高等工业学校的学制由四年制改为五年制。截至 1955 年 6 月，高等教育部组织制定并颁布实施的统一教学大纲达 348 种，其中工科就有 210种。在教材建设方面，也经历了由重点翻译苏联教材转向国内自编教材。为补充统一编写教科书数量不足，高等教育部积极鼓励各高校教师编写讲义。据 1957 年初的初步统计，全国高校自编讲义达 3400 余种。为弥补教学管理松散等不足，仿照苏联做法，各校普遍建立了基层教学组织，即教学研究指导室（组）。教研室（组）将一门或几门相近课程的教师组织在一起，在学系指导下，负责实施教学计划，选用或编写教材，研究改进教学方法，提高教学效果等。教研室（组）这一组织形式直到今天还在很多高校存在。

结合加强教学，加快提升高等学校整体办学水平的工作也提上日程。为了积累经验，让那些基础较好的学校在各方面先行一步，经中央批准，国家决定集中一定财力建设少量重点大学。根据高等教育部 1954 年 10 月《关于重点高等学校和专家工作范围的决议》，首批确定的重点大学为 6 所，分别是：中国人民大学、北京大学、清华大学、北京农业大学、北京医学院和哈尔滨工业大学。不久又有中国科技大学等进入重点大学行列。建设重点大学不但成为当时办高等教育的一个特点，而且成为高等教育发展思路。当时，提出重点高校的主要任务是：培养质量较高的各类高级建设人才及科学研究人才，为高等学校培养师资等。随着重点高校研究生培养制度的逐步建立，高等学校科学研究工作也逐步开展。采取这些措施使得我国高等教育教学水平及学术水平都有了不同程度的提高。如果说之前的大规模院系调整，是参照苏联模式进行的，那么，从 1956 年起，随着"三大改造"的完成和社会主义建设高潮的掀起，我国实际上已开始反思苏联模式。毛泽东《论十大关系》以及党的八大政治工作报告，已表明国家开始探索适合中国国情的发展之路。在经济建设方面，开始发展区域经济和地方企业。在高等教育方面，各地根据各自经济社会发展的需要，也逐步创办并管理一批高等学校。由此，便有了中央和地方分别举办并管理高等学校的"条块分割"体制雏形。

正当初步适合中国国情的高等教育办学模式即将形成之时，一场政治性运动将卷入其中，对高等教育带来了新的冲击和干扰。之前的"反右派"斗争扩大化，使一批高教界的优秀知识分子被打成"右派"，创伤还未抚平，由自上而下发动的全民"大跃进运动"又引发长达三年 (1958—1960 年) 的所谓"教育革命"，使高等教育呈现失序状态。

二、17 年求索的成果——"高校六十条"面世

新中国成立后的前 17 年，众多从事高等教育的工作者积极参与探索中国高等教育的发展道路，即使是"大跃进"时期的那场"教育革命"，许多高校干部师生也是作为一种新尝试而参与其中。尽管有不少失误，但它留下的经验教训是可贵的。正是有了汲取教训之后的清醒反思，才有了 20 世纪 60 年代前期高等教育发展的比较成熟期，也可称作是新中国建设前 17 年的最佳时期。这一时期的重要标志是"高校六十条"的制定和贯彻实施。

"高校六十条"是后来的简称，其文件本名为《教育部直属高等学校暂行工作条例 (草案)》。该条例是 1961 年初，根据党中央和毛泽东的指示，在邓小平的直接领导下，从广泛调研入手，结合探究高教发展规律基础上研究制定的，经中央书记处多次开会讨论修改，最后由毛泽东核准后发布。也可以说是新中国高教工作在总结正反两方面经验教训后集体智慧的结晶。该条例分十章、六十条，是中央希望纠正"大跃进"和"反右"扩大化在教育领域

所造成的严重后果的举措，它希望缩短教育战线，缩小教育规模；加强教材建设；加强制定教育法规条例，以求使高校工作制度化、规范化。"高校六十条"最初的试行范围是 26 所教育部直属高等学校。

1962 年 3 月，周恩来在二届全国人大三次会议上宣布：全国的高等学校，凡是具备条件的，都应该试行。至 1963 年初，全国试行条例的高等学校共 200 多所。受时代影响，"高校六十条"虽然不免有"左"的痕迹，但仍不失为纲领性历史文献，它不仅确定了高等教育的基本任务和培养目标，明确要求各高等学校"必须以教学为主，努力提高教育质量"；并对研究生培养、科学研究、知识分子政策、思想政治教育工作等都作出了可参照执行的规定。还特别明确了高等学校实行党委领导下的以校长为首的校务委员会负责制，这对加强和改善党的领导，充分发挥校长、校务委员会和各级行政组织的作用，增强学校凝聚力，都有重要而积极的影响。

"高校六十条"颁布后，受到广大高等教育工作者广泛欢迎和拥护。它不仅对当时的教育部直属高校工作具有直接指导意义，而且对全国所有高校具有普遍示范性，起到了稳定教育教学秩序、提高教育教学质量和科研水平的作用。不仅在当时对高等教育按规律办学发挥了重要作用，而且在"文化大革命"后乃至今天仍具有积极的指导和借鉴意义。

1961 年，毛泽东在核准"高校六十条"时，曾说了一句风趣且透着欣赏的话："总算有了自己的东西。"高教界也都为有了自己的第一部较成熟的高等教育规章而欣慰，新中国高等教育开始呈现出良好发展势头。到 1965 年，全国普通高等学校数量增至 434 所，在校学生总数达到 68 万人。办学的规范性、教育质量的稳步提高，给广大师生及国人以信心和力量。"高校六十条"为新中国高等教育建设的发展打下了思想基础和制度基础。

1966 年，"文化大革命"爆发。这场从文化教育领域开始的政治运动很快蔓延至各个领域，高等教育受了很大冲击，"高校六十条"被当作修正主义代表作遭全面否定，以"阶级斗争为纲"的"教育革命"在全国展开。"文化大革命"10 年，不仅办学秩序乱了套，教育质量无保障，就连招收新生的工作都停止了 4 年，招收研究生的工作停止了 12 年，选派出国留学生的工作停止了 6 年。1970 年至 1976 年，全国高校共招收学生 (工农兵大学生)940714 名，其中包括 65233 名学制为一年的进修班学员。10 年"文化大革命"，至少为国家少培养 100 万大学生，令一大批想上大学也有条件上大学的人痛失上大学的机会，更严重的是造成国家各类建设人才出现断层的被动局面。

然而，需要特别指出的是，即使在"文化大革命"动乱时期不少从事高等教育的工作者被戴上"反动学术权威""资产阶级知识分子""白专典型"等帽子，但他们仍坚持业务学习、进行科研攻关成为逆境中的坚守者；不少高校教师仍取得了一批利国利民的科研成果；"文化大革命"期间的高校毕业生，不少人经社会大熔炉历练和个人努力后来也成长为各界英才在社会主义建设中发挥了重要作用。

历史是一部很好的教科书，割断历史，只讲眼前的荣光，必然短视，甚至会重复历史错误。"文化大革命"10 年，作为历史教训也是一笔财富。总结在沉痛教训基础上经验进行的新探索，必将更加坚毅、清醒、成熟和成功。"高校六十条"纠正了 1958 年至 1960 年"教育革命"期间高等教育教学的偏差，总结了新中国成立后高等教育教学及管理的经验教训，是当时条件和认识水平下对社会主义高等教育教学规律及特点的努力探索，在一定时期起到了"准高等教育法"的作用。

"高校六十条"虽然已经成为历史，但它所提出的一系列重大关系问题，现在及今后还将与高等教育相伴相生，如教学与科研的关系、理论教学与实践教学的关系、本科教育与研究生教育的关系、统一要求与弹性多样的关系、高校领导体制中的党政关系，等等。

改革春潮下的高教大发展

1978 年，党的十一届三中全会在北京召开，面对"文化大革命"10 年内乱给国人留下的伤痛记忆，在中国何去何从的历史十字路口，中国共产党以果敢的勇气指引中国告别"以阶级斗争为纲"的时代，引领中国进入以经济建设为中心的改革开放历史新时期，成为中国奇迹般崛起的里程碑。中国高等教育也开启了思想大解放、体制大改革、规模大发展、实力大积聚的重要历程。

从新中国成立到改革开放前的 30 年间，尽管"改造、改革、革命"等口号在高教界不绝于耳，但真正谈得上符合国情、遵从规律，并且成效显著、受到普遍认同的高等教育大改革、大发展、大变化，是在改革开放以后。首先是指导思想和精神面貌发生了根本变化：从"以阶级斗争为纲"到"教育要面向现代化、面向世界、面向未来"，从"教育是无产阶级专政的工具"到"教育要为社会主义现代化建设服务、为人民服务"，从"读书无用"到"科教兴国、优先发展教育"，从知识分子是"臭老九、专政对象"到"尊重知识、尊重人才"。这一系列的观念变革，既是打破思想禁锢、精神解放的重大成果，也是教育思想理念的新突破。由此所产生的巨大能量，不断在中国高等教育改革与发展中释放出来，并在经济社会发展和进步中起着不可替代的重要作用。其次是改革方案、步骤、举措更加全面系统，成熟可行；更加遵从规律、求真务实；更加注重抓关键环节、先易后难，以问题为导向，有序、有效推进；特别是更加得到群众拥护，顺应发展大势，自觉参与者众。改革开放 30 多年来，中国高等教育改革一步步走来，一个个阻力被突破，一场场战役获胜利，有许多重大举措和转折性节点值得书写和铭记，有许多宝贵经验和精神值得颂扬。

一、高考制度的恢复提振国人的改革信心

仅仅是教育界一项制度的恢复，怎么涉及了全国的改革呢？如果不是亲历者、在场体验者，或对这段历史不关心、不了解的人们是很难感悟其中真谛的。1966 年开始的"文化大革命"，中断了新中国成立以来逐步建立起来的行之有效的全国普通高等学校招生统一考试制度，先是停止招生，继而在校学生停课"闹革命"，高校教育教学秩序乱了，派系争端不断，学业荒废，全社会也普遍失去了学习的动力和生机，国民素质提升受阻，国家人才需求断源。1970 年起试行的普通高校招收工农兵大学生的办法是：自愿报名，群众推荐，领导批准，学校复审。没有组织入学文化考试的要求，招生对象也仅限于有两年以上实践经验的工人、农民和部队官兵，而且招录名额非常少，广大应届高中毕业生被完全拒之门外。试行两三年后发现，新生入学文化基础差别大，学校难以统一组织教学，而且出现了"走后门"现象。为使这种状况有所改善，经国务院批准，1973 年高校招生时增加了必要的、最基本的文化知识考查环节。岂料，企图篡党夺权的"四人帮"反戈一击，一边大树在招生考试中几近交白卷的"白卷英雄"，一边特批支持文化考查的周恩来等领导，把高校招生考试上纲上线到是"打击工农兵"，是"修正主义教育路线

复辟"。一时间，人们谈"考"色变，高校招生考试又被取消，招录的新生文化程度更加参差不齐，高中、初中、小学程度"一锅烩"，出于对工农子弟兵的感情，教师对再难组织的教学也只得硬撑着。

1975 年，邓小平复出主持中央日常工作时，为了把国民经济搞上去，为了加快四个现代化的步伐，他置个人政治前途安危于不顾，对被"文化大革命"耽误了的工作采取了一系列的整顿治理举措，对教育整顿也高度关切。他把教育质量与国家前途命运紧紧联系在一起，看着规模太小和质量堪忧的高等教育，他十分痛心和焦虑地指出：我们有个危机，可能发生在教育部门，把整个现代化水平拖住了。教育整顿的根本目的是提高人才培养质量，与高等教育质量直接相关联，邓小平首先也想到了招生这个关键环节。他也听说这是个敏感话题，会触动一些人的神经，所以他主张先搞试点，即通过考试直接从应届高中毕业生中选拔一些人到大学深造。这无异是要动摇当时坚守的不要考试、推荐上大学、不招收应届高中毕业生等招生政策的根基。但遗憾的是，试点工作还来不及实施，就在之后"四人帮"阴谋发起的"批邓、反击右倾翻案风"中再遭挫折，这令正义的人们痛心不已。

1977 年，"文化大革命"结束后再次复出的邓小平，重新向权力核心走来，有多少党和国家大事在等待他睿智筹谋，力挽狂澜。出乎意料，在中央尚未明确分工的时候，邓小平自告奋勇要管教育和科技，愿当教育的"后勤部长"，足见教育、科技在他心目中的分量。心系高等教育质量问题，一心想着多出、快出人才，邓小平又把犀利的目光聚焦到恢复高考制度上，他是想着一定要啃下这块硬骨头。在 1977 年 8 月 8 日召开的科学和教育工作座谈会上，他坚定地提出："今年就要下决心恢复从高中毕业生中直接招考学生，不要再搞群众推荐。"这一次，终于能一锤定音了。一项曾被卷入政治漩涡、能牵一发而动全身的教育决策，在反复较量后终于尘埃落定。容不得教育部门和高校犹豫，当年年底，中断 10 年的全国高考顺利举行，来自全国的知识青年和中学毕业生共 570 万人走进考场，27.3 万人被择优录取。半年后的 1978 年夏天，又有 610 万人参加全国高考，录取 40.2 万人。一年的时间，举办两次全国高考，分春季和秋季两批大学新生入学，这还从未有过。这是国家渴望人才，学生渴望成才，公民渴望学有所教的生动写照，大大激发了全民崇尚学习的风气。从此，一头连着基础教育，一头关乎高等教育生源质量的、中国特色鲜明的高考制度全面恢复，并在长期教育实践中得以较好坚持，再未中断，在改革创新中自我调节，不断完善。

不管今后高考制度怎么变，作为长时间有效推行的一种教育制度，它在我国教育史上所发挥的重要作用，是有目共睹的。这个曾让高层领导如此纠结，并在历史转折时下大决心恢复的高考制度，不能仅仅看作是当时教育界拨乱反正的大事，看作是 60 几万考上大学人的喜事。在当时情况下，1977 年恢复高考，可以说是正义战胜邪恶的一大成果，是率先冲破"两个凡是"禁区的实践预演，是否定"文化大革命"的切入点和突破口；也可以说是一个寻求不良制度变革的破题之举；甚至可以说是早在邓小平胸中酝酿，推动中国进行全面改革的热身和前奏。它不仅为教育界快步进入改革开放开辟了道路，而且成为全国拨乱反正的突破口和开路先锋；它让全国人民看到了中国的新希望，树立了新的中央领导集体的威望，进而大大提振了全党、全国人民坚持党的领导、坚持正确发展社会主义道路的理想和信念，提振了国人迫切希望加快经济体制、科技体制、教育体制和社会制度建设变革，实行全面改革开放的信心和决心。

二、选派留学生工作奏响了对外开放的序曲

改革和开放是一双孪生同胞，改革促进开放，开放推进改革。毫无疑问，大胆推开中国对外开放大门的，又是邓小平。跨出对外开放大步伐后，高等

教育改革迅速启动。在邓小平的直接关怀下，国家当机立断大量选派出国留学生。这成为中国对外开放的一首序曲，并且琴声悠扬，反响不俗。

1978年6月23日，这是翻开我国选派出国留学工作新一页的重要日子。这一天，根据邓小平的特意安排，他同国务院副总理方毅一道，专门听取清华大学领导的相关工作汇报，并作出重要指示。针对选派留学生工作有人仍不敢放手、迈不开大步子，邓小平当即明确指出："要成千成万地派，不只是十个八个……这是五年内快见成效、提高我国科教水平的重要方法之一。现在我们迈的步子太小，要千方百计加快步伐。"[①]针对有人担心派遣留学生快了、多了不好管理，会不会出事的顾虑，邓小平又进一步表示："不要怕出一点问题，中国留学生绝大多数是好的，个别人出一点问题也没有什么了不起，即使一千人跑掉一百个，也只占十分之一，还剩九百个。"这话现在看来似乎很平常，但在当时却可称得上是雷霆万钧，振聋发聩，是给大家打了气、撑了腰、吃了定心丸。这也表明当时的邓小平加快对外开放的迫切心情和坚定决心；同时表明，邓小平选择快派多派留学生为打破封闭、打开国门，向发达国家学习先进科学技术，巧借外力为国家建设培养、储备高层次专门人才，是多么地富有远见卓识！就在邓小平这次重要讲话后的一个多月内，教育部先后提交了《关于加大选派留学生数量的报告》并发出选派通知。1978年9月至1981年底，全国向五大洲80多个国家派出留学人员共10356人，其中由教育部选派7456人。

这样的规模，邓小平并不满意。1983年，他再次强调："要扩大对外开放，现在开放得不够。"邓小平关于扩大开放的决策中，既包含着扩大出国留学生，也包含着扩大来华留学生规模。1984年12月26日，国务院对自费出国留学出台新政策：个人通过正当和合法手续取得外汇资助或国外奖学金，办

---

① 教育部办公厅.邓小平理论指引下的中国教育二十年[M].福建：福建教育出版社，1998：313.

好入学许可证件的，不受学历、年龄和工作年限的限制，均可申请自费到国外上大学（专科、本科）、做研究生或进修。自此，自费出国留学人员呈较快增长之势。以1992年邓小平南方谈话为基调，我国的改革开放步伐更加坚定有力。1993年颁布的《中国教育改革和发展纲要》进一步明确了国家留学政策的"十二字方针"：支持留学，鼓励回国，来去自由。

这一开放开明、具有大国风度的方针，使留学工作开始走上良性发展的轨道。1996年，根据形势发展需要，国家留学基金委成立，一个机制合理、渠道多样、规模大、层次高的国家公派出国留学新局面逐步形成。2007年，随着"国家建设高水平大学公派研究生项目"的实施，按照"选拔一流人员，到国外一流学科专业，师从一流导师"的新思路，一批国家急需人才的能源、环境、信息、农业、生命、纳米新材料、海洋及人文社科领域的优秀人员得到优先资助，不但选派规模逐年扩大，针对性和实效性更是显著增强。据教育部留学服务中心《2014年中国留学回国就业蓝皮书》统计，改革开放至2013年的35年间，我国大陆各类出国留学人员总数已达305.86万人，整体规模已排在世界前列。截至2013年底，以留学身份出国在外的留学人员有161.38万人。而且自20世纪90年代以来，在我国综合国力和国际影响力不断提升等综合因素的共同作用下，我国出国留学人员和学成回国人员的数量一直处于"双向持续增长"的基本态势。改革开放以来，留学回国人员总数达144.42万人，有72.38%留学人员有选择回国发展的意愿。特别是在深化改革同圆中国梦口号的召唤下，2013年出现了史上最大规模的留学人员回国潮，总数达35.35万人。

大批留学人员的输出和回归，有效推进了我国高等教育的国际化步伐，使我国高校教学、科研骨干队伍得到有效充实，教育理念的互补和更新速度加快，国内高校了解和参与国际学术前沿领域的能力大为提升。目前，我国很多高校都与海外高校建立了交流与合作关系，特别是随着我国高水平大学与世界名校及科研机构、跨国大公司的"强强合作""强项合作"的有效开展，高校开放式人才培养和交流、联合科研攻关的力度和水平在不断增强和提高。在既要坚持"请进来"，有效引进世界各国优质教育资源和高层次人才，助力我国高等教育事业发展，又要坚持"走出去"，更多参与国际教育服务竞争，扩大我国教育国际竞争力的思路下，国内不少地方和大学引进国际优质教育资源，开展局部合作办学和整体合作办学的积极性大为增强。各国来华留学教育事业也呈现好的发展势头。2001年，在中国留学的国际学生仅6万人，到2013年，来自200个国家和地区的各类来华留学人员达356499人，分别在中国内地的746所高校、科研院所等机构学习。越来越多国家的青少年把我国作为留学目的国，而且学习的学科专业不断向工、管、农、医、艺等方面拓展，学历和学位层次覆盖本科、硕士、博士等。截至2012年，中国已成为继美国和英国之后，世界第三大留学生接收国。根据教育部2010年颁布的《留学中国计划》，到2020年来华留学生规模将达50万以上。"走出去"也不再只是单向派遣留学生和访问学者，2004年起，在全球如雨后春笋般发展的孔子学院，成为我国教育"走出去"的新标志。10年惊世一跃，2014年，中国已在全球123个国家和地区开设465所孔子学院和713个中小学孔子课堂。孔子学院是根据各国需求和意愿，完全依托有条件的高等学校，与所在国政府和高校友好合作，在海外设立的以教授汉语和传播中华文化为主旨的非营利性办学机构。它使更多的外国朋友不出国门，就能学习汉语和了解中华优秀文化，增进国家友谊，受到海外朋友普遍欢迎。中国高等教育大开放带来的国际地位大提升，还有一个重要看点，那就是全世界越来越多的国家和地区与我国签订了相互承认学历学位协议，其中包括德、法、英、俄等发达国家。

自我封闭没有出路，只有开放包容才能做大做强。开放，有力推动了我国出国留学事业的快速发展，成效非凡；开放，大大增强了对外国学生来华留学的吸引力，潜质看好；开放，还使得汉语国际推广取得新突破，前景更美；开放，有力推动了我国高等教育国际地位大攀升，不可逆转。随着经济全球化、科教国际化的不断深化，我国高等教育对外开放工作将以更大的气魄、更好的水平、更强的实力，向更高起点、更深层次、更宽领域迈进。

三、管理体制的大改革引发了高教格局的大变迁

中国的崛起，改革开放功不可没，中国高等教育的命运也与改革开放紧紧相连。30 多年来，特别是经过世纪之交的突破性发展，中国高等教育以体制大改革为牵引，带来了发展格局的大变化。高等教育之所以要在体制上进行不断的改革探索，目的在于更好地适应快速变革着的经济社会发展的需要，更好地符合高等教育发展和人才培养规律。

高等教育体制改革，当时是按几块划分的，即高等教育宏观管理体制改革、投融资体制改革、招生和毕业生分配制度改革、教育教学改革、高校内部管理体制改革等。这些改革都取得了重要进展和突破，比如，高校学生由国家"统包统分"到实行培养成本合理分担、适当收费，毕业生不再由国家包分配工作、包当国家干部，推行双向选择、自主择业；又如，教职工收入分配打破"大锅饭""铁饭碗"，建立优劳优酬的激励性薪酬制度；再如，高校后勤社会化，吸纳社会力量和资金办后勤服务，等等。这些带有废止旧制度、建立新机制的改革，在当时高教界内外都引发过不小震动，也是高等教育主动适应建立社会主义市场经济新体制需要的生动体现。

但是，高等教育体制改革难度和力度最大、最惊心动魄、最富有轰动效应的还是起于 20 世纪 80 年代中后期至 90 年代的管理体制大调整、大改革。一波接一波的管理体制改革，主要是为解决几方面的问题：打破条块分割壁垒，调整中央与地方的关系；改变政府对高等学校管得过多、统得过死的弊

端；调整高等学校的结构和布局。从时序讲，大致经历了以下几个阶段：从1985年《中共中央关于教育体制改革的决定》颁布到1992年，是酝酿思路、探索起步的阶段；从1993年《中国教育改革和发展纲要》印发到1997年，是逐步突破、积累经验的阶段；从1997年党的十五大之后的三年左右，是大力度推进、全面突破发展的阶段；以后则进入巩固成果、深化完善阶段。

如果说党的十四大以前，高教改革是在仍然高度集中的计划经济体制的大框架内进行，那么此后面对的则是逐步建立社会主义市场经济体制新形势。《中国教育改革和发展纲要》及其实施意见明确提出：高等教育改革重点要放在促进多种形式联合办学、逐步改变高等学校条块分割办学和管理体制方式存在的弊端，促进国家教育部门所属高校、中央业务部门所属高校、地方所属高校之间联合，鼓励普通高校与成人高校之间的联合与协作，合理调整高等教育布局，优化高等教育结构，提高办学效益。改革前，中央部委所属院校达571所，仅机械工业部就有25所。这些高校虽然都是建在地方，但由于部门所有制带来的壁垒，地方看得见、摸不着，各地不得不另起炉灶自己再兴建新办，"小而全"、低水平重复办学等问题严重。改变这些由旧体制带来的局限和问题，被紧迫地提上日程。当时的高教管理体制改革正是从改变单一的隶属关系切入的。这时探索的共建共管、合并学校、合作办学、协作办学、转由地方管理等五种形式，见效明显，为进一步形成"共建、调整、合作、合并"高教管理体制改革"八字方针"积累了有益经验。

1998年，国务院机构改革为加快高教管理体制改革带来了新的契机。国务院组成和所属部门的调整撤并、职能转变，使中央部门所属高校划转和转制的阻力减小，步伐和进展加快。更由于中央高层的倡导和大力度推进，没有调整撤并的中央部门也顺应大势，对各自所属的高校划转或合并到综合大学投了赞同票。这场历时近十年，分阶段推进的全国高等教育管理体制大调整基本完成。原属国务院各部门直接管理的367所普通高校，改革后只剩下

111 所 (大多数为教育部直属高校，2007 年前后又有新调整)，其他大多数高校实行了省级政府管理、地方与中央共建的体制。全国普通高校数量从 1994 年最多时 1080 所，减少到 1018 所，减少 62 所；成人高校从 1990 年最多时的 1321 所，减少到 811 所，减少 510 所；由 556 所高校 (其中普通高校 387 所，成人高校 169 所) 合并调整为 232 所 (其中普通高校 212 所，成人高校 20 所)，净减少 324 所。①但校均规模都有较大提高。在这场高教管理体制改革调整中，除了一批中央部门所属的高校划转地方管理这个大动作外，还有一大看点是高校合并。高校合并，是在一些地方按优势互补原则，对当地高校进行布局结构调整取得初步经验基础上推进的，先后出现的有南昌大学、扬州大学、上海大学、延边大学、集美大学等由多所高校合并重组办学的典型。被选择作为高水平大学合并办学试点的是浙江大学。1998 年，由原来就有历史渊源的原浙江大学、杭州大学、浙江医科大学、浙江农业大学正式合并，组建为新浙江大学，成为中国第一所"巨型大学"。以后又有山东大学、吉林大学等"航母式大学"出现。合并工作，尽管其间遇到过不少难题，舆论上也有褒有贬，但大都在实践中被逐步化解，高校比较平稳地进入新的管理体制中。合并，使我国拥有了一批学科齐全的综合性大学和多科性大学，尤其是一批重点医科院校与教育部直属大学实行强强合并，大大增强了这些大学的综合办学实力，提升了国际影响力和竞争力。如果反思大合并存在的不足，则是有的大学规模确实搞得过于庞大，多校区办学，管理难度和成本增加；有的深度融合进展慢，磨合期拉长等。

就整体而言，世纪之交的这场高教体制大改革的探索，是有明显进步意义的，它使中国特色鲜明又与世界通则接轨的现代高等教育体系框架得以构建。大规模地进行高教资源优化组合，形成了中央和省级政府两级管理、以

---

① 改革开放 30 年中国教育改革与发展课题组 . 教育大国的崛起 (1978 — 2008)[M]. 北京：教育科学出版社，2008：93.

省级管理为主的高教新体制；积极开展高等教育层次、结构、布局调整，不仅改善了高校布局结构和学科专业结构，而且建立了从专科（高职）、本科到硕士、博士和博士后工作站等完善的学历学位体系；由省级政府自主审批、以专科层次为主的一大批公办和民办高职院校的创建，不但使高校吸纳学生能力大为提高，而且使办学类型结构和办学体制也实现了历史性的突破；重点建设一批国家重点大学和重点学科，示范和带动了全国高等学校有质量地发展，提高了高校服务于国家和地方经济社会发展能力，办学活力和特色明显增强。所有这些，都为即将到来的高等教育超常规大发展奠定了重要基础。

四、高校扩招推动了高等教育的跨越式发展

在经历了新中国 50 多年、改革开放 20 多年的不懈求索之后，中国高等教育终于迎来了跨越式发展的最佳历史阶段和转折点。以 1999 年为开端的全国高等学校大扩招，称得上是中国教育史上具有里程碑意义的重大事件，是中国高等教育抢抓不可多得且难以复制的历史机遇，实现以大改革促大建设、大发展的积极探索和有效实践。国弱高等教育必弱。国家要强大，也必然要求有强大的高等教育作支撑。把高等教育办大做强，一直是无数志士仁人梦寐以求的心愿。但这又不是凭主观激情就能轻松实现的，它需要许多必备的客观条件，需要遵循高等教育发展的内部和外部客观规律。不顾客观条件，不按规律行事，再好的主观愿望，也只能以不成功收场，或欲速则不达，出现倒退或反复。

新中国高等教育发展史上就有过这样"两起两落"的先例。第一次是 1958—1960 年的高等教育"大跃进"式冒进。当时的人们普遍认为，随着经济建设高潮的到来，一个文化建设的高潮必然到来，教育也必须与此相适应。这本无可厚非，问题是，受"左"倾思想的影响，教育很快被拖入全民大跃

进的漩涡，理智、理性隐退。1958 年 9 月，中共中央、国务院发布《关于教育工作的指示》，其基调是反对右倾思想，号召人们要敢想、敢说、敢干。并明确提出："争取在十五年左右的时间内，基本上做到使全国青年和成年，凡有条件的、自愿的，都可以受到高等教育。我们将以十五年左右的时间来普及高等教育。"这种严重缺乏根据、完全脱离实际提出的高速度要求，很快在全国泛起一股"大办""快上"的浪潮，浮夸风盛行。一时间，工矿企业、人民公社、机关等纷纷宣布办起了高等学校。1958 年，不到一年的时间，全日制高等学校数由 1957 年的 229 所猛增到 791 所，增幅 245%；招生数由上年的 10.6 万猛增到 26.5 万，增长 150%。这还不够，1959 年 10 月以后一场新的反右倾运动，令高等教育高烧不退反升，1960 年全国高等学校数上升至 1289 所，招生数达到 32.3 万，在校生数达到 96.2 万，[①] 都创造了空前的在校生数。这样的盲目高速发展，显然远远超过了当时我国在经济上的承受能力，既有的还非常虚弱的教育基础所能提供的办学条件也根本达不到要求。相当多的新建高校连最起码的办学设施都没有，个别高校教师只有 10 来人，在校生不足百人。事情的结局，可想而知。1960 年起，国家不得不采取一连串的调整、整顿措施加以纠正。到 1963 年，全国高等学校调整合并为 407 所（其中专科 48 所），压减了 68.4%；在校学生数由 96.2 万人减少至 75 万人，压缩的幅度也不算小。这次历时近三年的高等教育"大跃进"式发展，在很多人心里留下了挥之不去的阴影，以后每当提出高等教育超常规发展，总会有人心有余悸，质疑是不是又在搞"大跃进"。

第二次是 1983—1985 年出现的扩大高教规模的冲动。由于这次是改革开放初期，时代背景大不相同，基本思路也较顾及现实需要与可能，结局也比上次要好。"文化大革命"结束不久，在贯彻"调整、改革、整顿、提高"

---

① 郝维谦，龙正中，张显峰.中华人民共和国高等教育史 [M]. 北京：新世界出版社，2011：168.

方针的过程中，全国高等教育规模在全面超过"文化大革命"前水平的同时又有新发展。党的十二大把教育作为实现我国现代化的战略重点之一，使加速高等教育发展的要求日趋迫切。社会上要求广开学路的呼声也很高，很多地方积极采取措施促高校多招学生，天津、北京等地的许多高校纷纷办起了分校。1983 年 4 月 28 日，国务院批转《教育部、国家计划委员会关于加速发展高等教育的报告》，明确要求在五年内使全日制高等学校年度招生数由 1982 年的 31.5 万人增加到 55 万人，使 1987 年的在校生数量扩大到 176 万人。1983 年 5 月，新中国成立以来的第二次全国高等教育会议召开，会议提出高等学校要加快调整、改革步伐，加快发展数量、努力提高质量。会后，高等教育的发展速度明显加快，甚至被认为出现了一次小规模的"大跃进"。到 1984 年底，全国普通高等学校达到 902 所，当年招生 47.5 万人，在校普通本专科学生达 139.6 万人。尤其是 1985 年，光是普通高等学校一下子就新增 114 所。平均每 3 天就批办 1 所；当年普通本专科招生比上年增加 14.4 万人，增幅 30.4%，3 年叠加，高等教育总规模增加 70%。[①] 按社会旺盛需求，这个总盘子其实并不算大，但已明显超过了当时经济发展的速度，不但国家财力难以支撑，高等教育自身发展的潜力也十分有限。于是，1985 年以后只得仍然采取量力而行和"适度发展"的政策，使高等教育发展速度不得不又放慢下来。然而，这次发展起落留下的经验还是有借鉴作用的，其中重要的一条是：对高等教育大发展所具备的条件需要内外统筹考虑，特别是对发展所必需的财力、物力和人力要有足够的估计。超常规发展必须有超常规的举措。

时间又过了 10 余年，在世纪之交，高等教育第一轮体制大改革、大调整基本完成后，能不能来一个大发展的问题，再次摆在了人们面前。党和政府审时度势，于 1999 年 6 月作出了高等教育大扩招的重大战略决策。6 月 24 日，

---

① 郝维谦，龙正中，张显峰.中华人民共和国高等教育史 [M]. 北京：新世界出版社，2011：411.

国家计委、教育部联合召开新闻发布会，宣布在年初已安排扩大招生计划的基础上，进一步大幅增加高等学校招生计划，即由原定 1999 年计划招收 108 万人规模的基础上，再增加 50 万人。后经各方努力，当年普通高校实际招生 159.68 万人，比上年增加 51.32 万人，增幅达 47.4%。[①] 由此，中国高等教育突破了长期适度发展常态，呈现出超常规跨越式发展之势。

党和政府在此时强力推进高校扩招，是充分考虑了各方面的综合因素后下定的决心。主要有四个方面：一是我国经济社会发展对高级专门人才需求旺盛与供给严重不足的矛盾持续发酵。改革开放以来，我国高等教育虽然在稳步发展，但明显滞后于经济持续快速发展的步伐。20 世纪 90 年代以来，高等教育年招生数一直在 100 万左右徘徊。1998 年全国在校大学生总数 780 万人，占同龄人比例仅 9.8%，有 80% 的高中毕业生上不了大学，毛入学率远低于国际高等教育大众化最低标准 15% 的水平，也处于发展中国家平均水平之下。国内无论是高素质优秀拔尖人才，还是高级应用型、技能型人才，都供不应求，甚至出现了严重的"技工荒"。高等教育发展步伐缓慢，"拖现代化后腿"的预言应验。二是政府有责任尽量满足民众日益增长的接受高等教育的渴望。随着我国经济的快速发展，人民生活的逐步改善，特别是独生子女上大学时代的到来，城乡居民渴望子女接受更高教育的呼声日益高涨。面对国内上大学难的困扰，许多家长不惜花巨资把孩子送往国外求学。据当时初步估算，我国民间每年有数百亿元的教育投资流向海外，对这种本可用于拉动内需的大量资金的外流，政府岂能不闻不问。"改革成果要让人民共同分享"不能只是空头支票，高等教育也不应总是置身局外。尽最大努力，顺应人民要求，扩大高等教育供给能力，成为政府义不容辞的责任。三是由于高

---

① 改革开放 30 年中国教育改革与发展课题组 . 教育大国的崛起 (1978—2008)[M]. 北京：教育科学出版社，2008.

校招生录取比例低，千军万马过独木桥，导致基础教育和家庭教育难以摆脱"应试教育"的魔影，全面实施素质教育的正确主张得不到真正推行。提高大学录取率，既有利于缓解基础教育升学高压力，还可推迟一部分高中毕业生就业，适当缓和因亚洲金融危机所波及的社会就业难题。四是经过20年改革开放，高等教育改革有了快速发展的基础和条件。这也是最根本、最关键的一条，有了这一条，化解矛盾就有了底气。总之，加快发展成了这一阶段高等教育工作的主要矛盾，发展成了硬道理，不发展，积压的尖锐矛盾就不能化解。

更值得关注的是，各级政府和社会各界对这次高等教育超常规发展采取的超常规举措大都给予了理解和大力支持。首先，国家采取非常措施，加大支持力度。1999年起，连续三年安排国债资金70亿元用于支持高校扩招和发展，安排20多亿元维修费用于改造中央部委所属高校的基础设施。"十五"期间中央财政每年增加的一个百分点用于增加教育投入，其中有相当一部分也用于支持大学扩招所需。在连续四年大学扩招期间，中央通过国债投入教育经费120多亿元，带动地方和部门投入教育经费150亿元左右，累计增加投入高等教育经费200多亿元。国家还按照非义务教育阶段教育成本由个人合理分担的思路，实行向学生适当收取学杂费的政策，这也成为高校增加办学经费的重要渠道。各地政府也出台了许多优惠政策来支持高等教育发展，有的以土地置换或利用金融机构贷款等方式支持高校建设；有的发动多方力量支持高校后勤社会化改革，帮助解决学生食宿问题，等等。这些举措，有些是历史上从来没有过的。没有各级政府在政策上和物质上的有力支撑，没有社会各界的密切配合，大学扩招不会进行得如此顺利。遇上了口惠实致的重教兴学的好政府，是高等教育之幸、人民之幸。

超常规的思路和举措，迎来了高等教育超常规大发展的硕果。1999年至2001年的三年大扩招，使高等教育招生人数和在校生人数翻了一番。2002年全国高校招生规模扩大至 320.5 万人，各类高等学校在校生总数突破 1600 人，高等教育毛入学率上升至 15%，我国高等教育成功跨入国际公认的大众化发展新阶段。此后，高校招生每年仍以较快速度递增，形成了中国历史上规模最大、持续时间最长的一次高等教育大发展。到了 2008 年，即改革开放 30 周年时，高等教育毛入学率达到 23%，在学总人数 2700 万，总规模先后超过俄罗斯、印度和美国，居世界第一；全国受过高等教育的人超过 7000 万，有高等教育学历的从业人员总数居世界第二；年授予博士学位数居世界第三。近五年来，我国高等教育在转入以提高质量为核心的内涵式发展为主的同时，规模发展还在延续，据教育部《2014 年全国教育事业发展统计公报》宣布，截至 2014 年，全国各类高等教育在学总规模达到 3559 万人，高等教育毛入学率达到 37.5%。全国共有普通高等学校和成人高等学校 2824 所，其中普通高等学校 2529 所（含独立学院 283 所）。普通高校中本科院校 1202 所，高职（专科）院校 1327 所。当年普通高等教育本专科共招生 721.40 万人，研究生招生 62.13 万人。[1] 如此巨大的数字，在过去连想都不敢想，但从总人口庞大的国度看又是不足为奇的。目前，美国总人口 3 亿，拥有大学 3500 所，平均不到 10 万人就拥有一所大学。照此人口比例，我国再办一万所大学，才能赶上美国现有大学比例。单从高等教育毛入学率来看，我国与发达国家普及化程度相比，还有很大差距。这些都有待日后继续创造条件加以缩小。

这场持续的大学扩招，尽管也引发了一些新的矛盾和问题，甚至有人指责这是新的"大跃进"。但无论从历史进程，还是从"改革红利"成效客观分析，扩招的历史性功绩和积极意义仍是可圈可点的。从高等教育外部看，扩招，既为当时扩大内需拉动经济起到了应有的作用，更为数以百千万计的城乡青少年学子提供了圆梦上大学的机会，增加了这些家庭的幸福感。这是改革成果由人民分享的生动体现，对促进社会和谐稳定、建设学习型社会等的

---

[1]　教育部.2014 年全国教育事业发展统计公报 [N]. 中国教育报，2015-7-31.

功用不可低估。扩招，既为现代化建设输送和储备了更多高级专门人才，更使我国人口素质悄然发生改变，有力促进我国由人口大国向人力资源大国转化，促进由"人口红利"向"人力资本红利"，特别是"人才红利"转化，有效提升了我国人力资源开发能力。仅"十五"期间，高等教育就为社会输送了 1397 万毕业生，他们大都已成为各领域、各行业的骨干力量和智力支撑。今天回头看，此阶段为高等教育跨越式发展所做的努力，不枉称是全面建设小康社会重要时期的智力奠基工程，它对国家和民生发展带来的直接或间接的正能量将不断彰显。

从高等教育本身看，扩招，使我国高等教育实现了千载难逢的跨越式发展，让其逐步走上了与经济发展相同步或适度超前的发展轨道，顺应了世界高等教育快速发展利国惠民的潮流，一句话，形成了既具中国特色又与世界接轨的现代高等教育体系。扩招，大大改变和优化了我国高等教育办学体制和布局结构。扩招，既是改革的产物，又是许多改革新举措推出的起点。以往高等教育发展步伐缓慢，除了经费投入严重不足，还受到传统发展观念束缚，受到传统办学体制的制约。1998 年时，具有颁发大学本科学历文凭资格的民办高校仅 16 所，招生数量也十分有限。实行投入、经营、管理多元化，积极引导、支持民办高等教育发展，成了支撑高等教育大众化的一大特征。1998 年至 2008 年，全国共新增民办高校 223 所，新增按民办性质运行的独立学院逾 300 所。特别是根据社会需求大力发展高等职业教育，既承担了扩招任务的一半左右，也优化了高等教育类别结构。1998 年至 2005 年，全国新增高等职业院校（含专科）660 所，2007 年高职招生 284 万人，在校生数达 860 万人。这一时期规划部署的所有地级城市至少有一所本科、一所高职院校的目标，在东部地区都已实现，在西部地区也基本实现。地级市兴办高校，有利于我国高校布局中心下移，促进城镇化建设进程。扩招，大大提升了我国高等教育基础设施建设水平和自我发展能力。因大扩招、大发展的牵引，由各地政府大手笔、大助力的落实，一场轰轰烈烈的大学校园大改造、大建设工程遍地开花结果，令多少行业羡慕不已。1999 年至 2002 年，全国新建大学生公寓 3800 万平方米，改造 1000 万平方米，新建学生食堂 500 万平方米，改造 130 万平方米，4 年新建的学生公寓和食堂餐厅的面积超过新中国成立后 50 年建设面积的总和。^①借此机会新建、扩建的一批设计漂亮、功能适用的新校园、新校区，成为拓展办学空间，实现可持续发展的优质资源，乘上这趟极其难得历史班车的高校，喜不自禁。更有各地政府以优惠政策，统一规划新建的一个个大学城、高教园区，让大批高校得了大实惠，促进各高校各安其位，专心办学，报效社会。扩招，还引发了我国高等教育发展理念的转变，打破了传统僵化封闭的思维定势，增强了办学的积极性、主动性和创造性，壮大了教师队伍，提升了自我培养和大力引进高层次优秀人才能力，等等。简言之，世纪之交的这次大扩招、大发展，必然以浓墨重彩的一章，载入中国高等教育发展的史册。

对大学扩招的认识和评价，有一个结最需要解开。不少人认为，持续不断的大学扩招，造成了持续不断的毕业生就业难。这是一个值得商榷的问题。如今每年有六七百万的大学毕业生，能不就业难吗？实际上，大学不扩招，青年人就业压力会更大，就业者的综合素质问题会更多。就业难不难是一种社会存在，它不是大学扩招造成的，社会就业岗位就那么多，毕业生就业机会多了，社会人员就业机会就少；反之，也同样。不扩招，这些学生也要就业，而且还要提早三四年就业。学生到大学深造三四年，获得国家承认的本专科毕业文凭和学位，就业竞争力无论如何也会比没上过大学的人强得多。上大学已经并将继续改变一批批平民，特别是农家子弟的命运。一部分大学毕业生就业难，主要原因在于政府和社会提供的就业岗位有限，就业政

---

① 改革开放 30 年中国教育改革与发展课题组 . 教育大国的崛起 (1978-2008)[M]. 北京：教育科学出版社，2008.

策导向跟不上时代步伐；其次是社会和毕业生就业观念转变滞后，就业期望值过高，不愿艰苦创业。高等教育都大众化了，就业也应有大众化思维，进民营企业、科学务农也是就业和创业，转变观念天地宽，"读书无用论"是一种明显的偏见。倾国力所能，大力发展高等教育，是社会文明进步的重要标志。国内常有人批评大学扩招、实现阶段性的跨越式发展是违背规律的"大跃进"，但很多人可能并不知道，世纪之交，几乎全球的大学都在搞扩招，从1992—2012年，高等教育毛入学率达到50%的国家，已从5个快速上升到54个。中国如果不抓住机遇搞扩招，不仅与国际差距越拉越大，而且与快速发展的经济社会也会严重不相适应，成为国家建设由大到强的严重制约。

高教改革的困境与超越

以问题为导向，找到改革的切入点。改革开放前期，高等教育的主要问题是能力不强、规模偏小，不能很好地适应经济社会发展需要和国民学有所教的基本要求。现在的主要问题是，全社会对优质高等教育的渴望与其实际可提供的能力不足，公民接受高等教育难的问题已趋缓和，而接受优质高等教育的竞争激烈。高等教育大发展以后，能不能在质量和水平方面有大提高，成为国家和民众的热切期待，这给高等教育界带来前所未有的巨大压力。高等教育转型发展势在必行，并已成为广泛共识，即在继续适度发展规模的同时，尽快转入以提高质量为核心的内涵式发展为主的轨道上来。这表明，中国高等教育发展之路，已找到了如何实现"由大到强"转化的新契机。接下来要做的重要工作是，加强调研分析，实事求是地梳理，找出阻碍高等教育质量和水平大提高的真问题、实问题。新一轮高等教育改革，必须以问题为导向，克难攻坚，披荆斩棘，既要有胆识，还要有方略；既要有路线图，还要有执行力；既要抓宏观体制大问题，还要有中观和微观改革跟进；特别是既要抓"问题的改革"，又要厘清"改革的问题"，最终做到见实效。

若问制约当今中国高等教育更好发展的主要问题有哪些？或者说，新形势下高等教育或大学的主要困惑和危机是什么？当然仍有体制、机制不顺、生存环境欠佳等问题，这实际上主要是高教界难以左右的外部环境条件问题；往内深层探视，思想贫困、本性迷失、精神失守、治权错乱、改革悬浮、提质乏力等困惑和危机，更需要自醒自警。这些方面的危与机往往互相交织，互为因果，急需因势利导，以更大的改革勇气和智慧加以破解。

一、思想的贫困导致大学本性的迷失

思想的贫困和贫困的思想是引领不了或领导不好大学改革发展大业的。当今大学思想贫困，主要表现在两个方面：一是大学人，特别是少数大学主要领导缺乏治校办学先进思想，缺乏破解改革发展难题的大思路和睿智想法，治校办学思想碎片化、浅表化、同质化。无力凝练整体科学发展的"主心骨"，出现学校发展战略认知错乱等问题；二是大学学术论文思想含量低，很少提供能回答重大现实问题或历史问题的新思想、新理论，能提供高端思想文化产品的文章更是凤毛麟角。

高等教育思想贫困，最危险的恶果是大学本性的迷失，淡忘"立德树人"这个根本任务。为什么坚持"立德树人""育人为本"一次次地被写进党和国家的报告和重要决定等高级别的文献，就是因为它存在执行偏颇和贯彻不力的危险。育人是天，教学为大。在中外高等教育发展史上，大学虽然承载着多项重要职能，但培养人才始终都应排在首位，这是由大学的高等教育本性决定的。如果颠倒或动摇育人的首要地位，整个大学生存发展的内在逻辑就会错乱。

在彰显科学技术是第一生产力、科技协同创新列入国家重大计划、大学与经济社会发展关系日益紧密、大学职能多元化和溢出效应不断膨胀的新形势下，大学与社会、大学与大学之间的科研和学术竞争几乎到了白热化的程度。这固然有积极的一面，但问题是，一些大学及其学者过于激进，偏执一端，高喊学术为本、学术至上、一切都为学术让路、以学科建设为龙头。这些似是而非的思想观念，实际上是把科学研究、发表论文当成了根本任务，把纯然按学术科研发展所需设计的学科建设看作是重中之重，瞒天过海地用"学术为本"替换了"育人为本"，"教学第一"也悄然被"科研第一"替代。简单的论文数量崇拜和刊物影响因子崇拜，逼迫大学教师、包括不少学科带头人将"育人"主业当成了副业。大学是以学生发展成长、即育人为本的，一切工作安排都必须考虑是否有利于学生成人成才，学科发展建设设计也必须充分考虑是否对培养学生有利。大学教师从业思想和人格境界的高低，决定着其育人能力和学术水平的高下。全然被论文硬指标牵着鼻子走、目中无"人"的教师，个人学术头衔光环再多，与学生成才相脱节，也不值得倡导。加强科研学术、服务社会、国际交流是必需的，学术水平是高等教育质量的重要标志，发展学术也是大学内涵发展非常重要的任务，但作为大学，不应该只为学术而学术，教学与学术应互促互哺，学术与育人应相向而行，不能是两张皮、两股道，更不能相互冲突或逆向而动。大学越是职能多样化，越要坚守大学的正道：立德树人，育人为本。高校需要来一次教育思想信念的梳理，使"立德树人""育人为本"理念深深地融入每一个有血有肉大学人的意识中，筑牢思想防线；同时还需要对有偏差的制度和政策进行纠正，使之回归大学本真、教育本真。

二、核心办学理念的缺乏导致了发展认知的混乱

中国的大学不同程度存在核心办学理念缺乏，或好不容易有了一鳞半爪的思想观念也因缺乏参与主体的广泛认同，导致发展认知混乱。个别民办高校，还在办高职教育阶段，就夸下办"东方哈佛"的海口。仅仅因为是民办，

就胆敢如此许诺，内行人只会把其当笑柄。当然这只是极端个案。较普遍的现象是，有些大学只是一味地高喊建设"世界一流""研究型"大学。竖起"创新型"大学旗号，将"培养拔尖创新人才"当作唯一目标，不实事求是地分析各校的实际情况，提出一些有违拔尖创新人才生长生成规律的口号。

大学教育（尤其是本科教育）其实还只是定向性教育，是学生选择发展方向、为成人成才打基础的教育，大学毕业生还只是优秀人才的"毛坯"或苗子。爱因斯坦说得好："学校的目标始终应当是：青年人离开学校时是作为一个和谐的人，而不是一个专家。"美国有学者认为：学校最传统最基本的功能之一是培育"人力资本"。而我们的好多舆论却过于喧哗，有些学生，只因高中阶段学习优良、高考获得高分，就被吹捧成"拔尖人才"。我们的用人部门，也希望大学毕业生一出校门就能当专家使用、就是拔尖杰出人才。实际上，即使世界上最好的大学，也不可能让学生毕业时成批地成为杰出人才和拔尖创新人才。这样的人才，更多的只能在走上工作岗位后、在社会实践中锻炼出来，而且还得仰仗于时势、机遇及本人资质、持续的意志力、创造力等。大学把培养目标定位过高，是不切实际的，只会把社会和用人单位的胃口、期望值吊得很高，实际达不到，反会招来多方埋怨。都说大学做事要"顶天立地"，真正能"顶天"的，也离不了以"立地"为根基。有人总把打工、务农、服务和三产、民企、个体当成贬义词，这有很大的危害性。有的大学忌讳谈培养建设者和劳动者，有的毕业生一时无奈，选择从最基层干起，也被舆论压得抬不起头来。长期下去，社会不公和社会等级的裂痕只会扩大，大学发展也会失去基础支撑，大学毕业生就业也会遭遇更多的阻力和障碍。现在高等教育都已经大众化了，以后还会逐步普及化，大学生就业观念也必须改变，大学毕业生暂时无合适的岗位，先选择养猪、卖肉，积累社会阅历，然后再加以自我调适。社会何必大惊小怪，说三道四。只要有志气，养猪的能办起现代化养猪场；卖肉的能办成现代化屠宰加工企业，还能适当吸纳就业者。如果我们的大学都把培养"拔尖创新人才"作为全部最重要的追求，学生毕业时又都信奉"学而优则仕"，那就必然会走进窄胡同，甚至死胡同。

三、高教治权的错乱导致了不公平竞争的加剧

没有管理就没有秩序。管理或治理权限的合理配置、正确使用，事关工作的有序推进、方向目标的把握、公平公正和效率效益的高下。总体上看，高教管理对我国高教改革发展是起了积极作用的，但对治权不顺等问题的诟病在增多，缺位、越位、错位现象屡见不鲜，恋权、造权、争权问题也明里暗里存在。有些行政部门本不该管也管不好、早该下放的权利迟迟不肯放；有的权力被迫下放后，还会挖空心思、巧立名目，通过过多过滥的立项、评审、评奖、评估、审核、备案等，继续实行监控，满足权力欲；有的不同分工部门之间互相争权夺利，等等。高教治权错乱，苦了基层，有损事业，需作必要的反思。

政府部门官员掌握全局情况多，政策理论水平相对较高，自然得到更多尊重。但如果靠拍脑袋、凭自己的好恶，出现决策失误，造成不应有的伤害，群众就会不满意。对此，应有纠错机制，积极修复弥补。比如，前些年，因顺应改革开放大势和现实需要，全国兴办了一批民办高等院校，但新建的民办高校是从高职（专科层次）起步，还是从本科起步，就出现了很多纠纷。另外，大学建在哪里这一问题也值得思考。美国的哈佛大学和麻省理工学院位于乡间的坎布里奇镇，普林斯顿大学办在一座别具特色的乡村都市；英国的剑桥大学和牛津大学也坐落于乡间城镇。大学都往大城市挤，成本高，喧嚣干扰多，对育人与科研都有负面影响。到一些适宜的小城镇办大学，以大学带动城镇有质量地发展，校城互哺共辉，也是一种选择。它对加快我国城镇化步伐，消除城乡二元结构，降低办学成本促进产学研融合以及人才和科研

资源合理配置等等，都有一举多得之功效。

近些年来，多所本科以上起步按社会力量办学运作或中外合作大学获准创办的一些大学新校区、分校乃至学校整体，也开始向县级和县级以下特色城镇拓展。

从高教理论研究和社会舆论看，对治理错乱的批评声比较集中的还是在高校行政权力与学术权力失衡方面。但如果将此问题完全引导到"去行政化"上，也未必就好。现在大学管理"去行政化"的呼声此起彼伏，甚至有人将此问题绝对化，认为只有"去行政化"，高等学校才有出头之日；"行政化"不除，高教体制改革就不算成功。而且有人干脆将"去行政化"与立马取消大学管理层的行政级别画了等号，似乎大学没有了行政级别就可以万事大吉了。这种观念有失偏颇。不可否认，目前我国大学管理确实存在"被行政化"和"自觉行政化"的问题。但目前这种管理体制的形成与延续，既有它的历史合理性，又有它的历史积弊，不是单纯"去行政化"所能解决的。与其说"去行政化"，不如说"去衙门化"或"去官僚化"。有权就有可能有腐败，不管是行政权还是学术权，重要的是，要有监督机制，要互相制衡。在中国，学术权威用权不当，也可能出现"官僚化霸道作风"，滑向学阀学霸。我们都希望大学与政府、与社会以及大学内部的行政与学术等权责，要有清晰的边界，各自行使自己的权责。但这个边界一定是相对的，既相互支持促进，又相互制约掣肘。社会责任不断加强的现代大学不能没有行政管理，学术研究也离不开行政工作为之服务。让"行政的归行政，学术的归学术"，理论上说是对的，但在实践中是很难截然分开的。现在大学的校、院两级主要领导基本都是知名教授，都是既在从事行政管理又在搞学术，剥夺他们的学术话语权，对个体和学校都将有损失。行政权力与学术权力，是大学会永远存续的一对矛盾统一体，始终是同生共存、互助互补的关系，始终会大道并行，兴衰荣辱与共。鉴于此，我们没有必要在"去行政化"这个并不科学的名词上纠缠不清、打口水仗，而是要把心思放在如何建立政府、大学、社会的新型关系上，放在如何使大学行政权力与学术权力尽可能地和谐平衡及良性互动上，放在有关当权者的人格品行与责任考量上。

其实，纠正高教治权错乱，症结是在政府如何管理或治理大学上。我国的法律有明确规定，教育是公益事业。既然是公益事业，主要还得由政府投资来办。教育既是国计又是民生，需要来自政府的合法管理。管理不是万能的，但没有管理是万万不能的。什么该管、也应该管好，什么不该管、也管不好，这是最需认真解决的问题。有学者认为，政府办大学是人类文明的体现，是人文发展的结果；然而，政府办大学需要特别警惕政府对大学的干预。以为既然出钱办大学，政府就可以干预大学的教学和行政，这是非常危险的心态，它会损坏大学的学术和品质，即使是善意的干预，也同样是对大学学术独立和教学自治缺乏必要的尊重。《国家中长期教育改革和发展规划纲要(2010－2020年)》(以下简称《教育规划纲要》)已明确提出要积极推进政校分开、管办分离；之后，党的十八届三中全会又提出：加快实现由办教育向管教育转变，由微观管理向宏观管理转变，由直接管理走向间接管理，由教育管理走向教育治理，由此形成现代教育治理体系，提升现代教育治理能力。这些认识来之不易，变为实际行动更需花大力气，坚持不懈。

公平正义是社会主义的本质要求，教育公平更是被上升为"是社会公平的基础"。为了促进教育公平，教育部门想了很多办法，并提出要用教育公平重新审视体制机制，重新评估政策措施，加快规划调整和制度创新。但这些似乎只适用于基础教育，高等教育还在强调特殊性。为破解择校难题，教育部门明确要求中小学不再设重点校和重点班，并要求：兜底线，保障每个孩子都有学上；保基本，使每所学校都达到基本办学条件；上水平，不断扩大优质教育资源覆盖面等。基础教育领域为保教育公平所采取的这些举措，得到了社会广泛认同，坚持下去必有好效果。高等教育领域为保教育公平也在努力，如实施阳光招生、确保高考公平，东部高校对口支援西部高校，扩大国家重点建设的著名大学招收西部及农村贫困地区学生名额等。但高等学校之间不公平竞争的现象还在一定范围内存在。

近年来，许多单位内定人员，更有一些用人单位招聘时公开打出旗号：非"985""211"大学毕业生不要。这是对高等教育结果公平的挑战。正是这种"学历歧视"，在一定程度上加剧了大学毕业生就业难。正是这种"学历歧视"，使那些一般普通高校的寒门子弟遭遇恶性循环：上普通院校——普通专业——普通文凭——普通家庭——就业困难——心灰意冷，进而导致一些寒门子弟放弃高考、丧失机会、生活依旧。用人单位将非"985""211"大学毕业生排斥在外，骄傲的当然是"985""211"高校，但其他高校怎么办？全国人大代表毛杰在接受《中国教育报》记者采访时的话很值得回味："如果好工作只留给重点大学的学生，那么其他学校也就没有调整人才培养结构和培养方式的动力了，这不仅对于发展更多高水平、高质量、有内涵、有特色的高等教育十分不利，而且极大削弱其他学校人才培养与使用价值。"为改变这种"学历歧视"，很多人主张国家尽快出台"反就业歧视法"，明确规定用人单位不得排斥非"985""211"高校毕业生。这个动议当然很好，但制定一部法律需要时间，法律的执行也需要力量监督。换一种思路，高度警觉就业市场发出的信号，调整政府管理大学的政策机制，让所有高校都在平等的环境中公平竞争，办出特色，争创一流。谁办得好，改革力度大，进步快，就给予更多支持。

这样分析并不是要否定实施"211工程""985工程"的既有成绩。毫无疑问，发端于20世纪80年代，并于90年代正式启动的"211工程"等国家重点建设大学计划，对我国高等教育上水平、上质量、保重点、起示范等方面是起到了重要作用的，具有历史性成效。启动"211工程"，是在我国当时国力条件下，集中各方面力量，以倾向性资金，选择基础较好的100所左右重点大学和一批重点学科及专业，再重点加以扶持的特殊举措。

"211工程"的实施，从总体上高质量地达到了预期目标：更显著地建设起了一批重点大学和重点学科，有预见性地为提高综合国力和国际竞争力构筑了前沿阵地，有效带动了我国高等教育整体水平；大大改善了所建大学的办学条件，并建设起了全国共享的高等教育数字化信息平台，促进了国家整体办学实力和培养高层次创造性人才能力的提升；一批重点学科成为国家知识创新、技术创新、文化创新和高层次人才培养的主要基地。一句话，为那些重点建设的大学进一步向高、精、尖和世界一流迈进注入了活力和动力。1999年正式启动的"985工程"，是中央政府对高等教育选择性拨款、集中力量办大事的又一典型案例。它是在"211工程"基础上向更高的奋斗目标进击的又一个重大举措，其核心目标是创建世界一流大学和一流学科，确定的大学范围更有限（一、二期共38所），但支持的力度更大。该工程实施以来，进一步提升了所建大学的办学质量和水平，凝聚了一批国际知名专家学者，整体师资实力大为提升，取得了一批达到或接近国际水平的标志性、突破性重大科研成果。这对实现我国政府要求的若干所大学成为世界一流大学的梦想，无疑具有战略性重大意义。应当承认，当年国家穷的时候，不得已集中有限财力搞重点大学建设，实施"211工程"等，是对的、好的。但时隔二十多年后的今天，情况变了，国力增强了，今天已不是强调办好个别精英大学，而是要提升高等教育整体质量，要向高等教育强国迈进，是要办好每一所大学，办出特色、争创一流。谁有本事都可以，而非"211"大学，甚至也不是"985"大学的专利。如果重点大学长期依赖政府支持，依赖各种特殊政策生存发展，优越感不断膨胀，自我奋斗精神则会减弱，改革动力也可能衰退，还谈什么创世界一流。

中国高等教育有没有活力，主要应看大多数高等学校有没有活力。无论是从激发更多大学生机活力，还是从克服大学毕业生面临的"学历歧视""非重点学校歧视"，特别是从推进教育公平、让大学公平竞争等方面来看，都在盼望政府调整优化高等教育拨款方式，逐步形成扶弱激强政策举措，重新审视政府管理大学体制机制，加快大学治理体系和治理能力现代化步伐。就具体环节说，照应前述，政府与其说制定法规、出台文件不准用人部门搞"学历歧视"，不许拒非"211"大学毕业生于门外，不如教育部门别再人为地将大学划分很多等级。与基础教育相类似，当年邓小平提倡办重点中小学，先办好一批再带动整体的举措，起到了应有的积极作用。但随着"择校风"的愈演愈烈，也由于促进教育公平的需要，基础教育开始强调均衡发展，明确要求不再允许办重点学校和重点班。高等教育领域，"择校风"也已显现，非重点大学毕业生就业遭歧视、遭不公平待遇等现象，也已拉响警报。在强调教育公平，强调社会资源配置由市场起主导作用的新背景下，加快改革政府管理大学的政策办法，应该早作策划，未雨绸缪。

随着《国务院关于取消和下放一批行政审批项目的决定》的发布，教育部最近又取消和下放了一批行政审批权，迈出了调整理顺各级政府间，政府与学校、与社会之间关系的新步伐。与高等教育直接有关的项目有：取消国家重点学科审批，取消利用互联网实施远程高等学历教育的教育网校审批，取消高等学校设置和调整第二学士学位专业审批，下放高等教育自学考试专科专业审批权等。尤其是取消国家重点学科审批，让人们看到了教育行政部门放权动了真格，也表明政府走出传统行政审批思维的决心与希望。教育部已表示：今后国家重大项目将在支持范围、遴选条件等方面对地方高校一视同仁，破除"985""211"等身份壁垒，注重绩效评价。

2013年实施的"2011计划"，没有限定范围、不固化单位，有的地方高校进入该计划重点支持项目。这在某种程度上也是在通过协同创新兼顾效率和公平。

四、改革悬浮不落地导致了提高质量的乏力

改革是当今中国最雄劲的旋律。在此大背景下，各级领导和部门单位都在畅言改革，这也提醒人们，真心改革者或善于改革者，既应抓问题进行改革，也应常反观改革的成效与问题。鉴于以往经验，为了正确推进改革，考察改革问题应着重于以下方面：防止改革热词被泛用，警惕改革调门甚高，实则虚张声势；防止玩新概念术语游戏，警惕简单问题复杂化、神秘化；防止就虚避实，重部署轻落实，警惕改革悬浮不落地。

高等教育实现跨越式大发展以来，提高人才培养质量的重任从来没有像今天这样有"压力"。从理论上看，教育主管部门多年前就提出要把主要精力转移到以提高质量为核心的内涵式发展之路上来，这是必然的和适时的。事在人为，转得好、转得快，就可以避免规模大发展带来质量大滑的忧虑。为了保障和提高高等教育人才培养质量，21世纪以来，教育主管部门和高校都在想办法，实施了两期的本科教学"质量工程"，出台了"卓越工程师教育培养计划""卓越医学和法律人才培养计划"，还建立了教学评估制度，开展以基本教学条件达标为主的"合格评估""水平评估""审核评估"等。这些都对改善办学条件、提高基本教学水平起到了很好的作用。但当前高等学校人才培养质量仍存在很多问题，大学专业学非所用的占三分之一，大学所学知识陈旧的占三分之一，大学生中厌学的占三分之一。这表面上看是学风问题，实际上是教学工作因循怠惰、培养模式陈旧落后所致。一边是有人在高喊我们要培养或已经培养了"拔尖创新人才""卓越人才"，一边是相当多的学生对教学不满意，厌学情绪严重，反差很大。出现这种状况，绝不是可以用扩招带来了质量不保就能概括的，根本原因在于教学改革没有被重视，严重滞后。或者说，近年来高等教育体制改革虽然表面上搞得轰轰烈烈，实际上最核心的改革，即教学改革、人才培养模式改革并没有抓紧抓实，制约中国高

等学校人才培养质量的旧模式没有根本触动，几十年来形成的僵化培养方案、教学计划、课堂课程和方式方法还在沿用，教学成果评奖、教学评估导向对教学改革关注度也有待进一步的提高，教学改革的主体———教师并没有自觉参与其中。这样的教学，这样的课堂，这样的内容和方法，学生怎能不厌学、教学质量怎能有保障？改到深处是教学，改到真处是教学。教学改革不来个根本性大突破，人才培养模式创新不来个实质性大变革，高等教育人才培养质量大提高就难以落到实处。这绝不是说体制改革、常规管理、制度建设、改善条件不重要、可有可无，体制障碍不扫除，规范管理和制度建设不加强，教师教改积极性调动不起来，全面提高教育教学质量也必然受阻。但体制改革、常规管理和建设本身都不是目的，都是为提高人才培养质量和整体学水平提供保障和服务的；核心的教学改革需要外围的体制改革为其扫清道路，激发活力，但外围的体制改革不能包办和代替核心的教学改革。

如果在这些认识上达不成共识，那么，深化高等教育综合改革的口号喊得再响，也只是悬浮的、不接地气的。现在，人们看到更多的是：改革是个框，什么都往里装；"改革"热词被泛用，核心改革被冲淡和掩盖；常规的管理和制度建设、改善办学条件等都被贴上了改革标签，有改革之名，却无改革之实。若这样领导高教改革、落实综合改革，就会有剑走偏锋的危险。

全面深化高等教育教学改革，是全体高教工作者的责任与义务，而不是少数人和少数部门的专利。高教改革战略主题无着落，改革责任层级划分不清晰，改革实践发动面和参与面不广泛，更是值得关注的问题。高教改革是一项系统工程，不同层面都有相应的责任，只有上下贯通，让不同层面、不同岗位的人都参与其中，都承担起各自的改革任务，高教改革的整盘棋才能走活。如果说高教体制机制改革主要在各级管理层的话，那么，教学改革、人才培养模式改革则必须依赖和发动广大教师。教学或育人模式大改革，如果没有绝大多数教师的觉醒和有效践行，那永远只是空中楼阁，有名无实。

向改革要质量　以质量赢未来

改革是什么？改革就是不断排除前行阻力，增强发展动力，激发创新活力。改革就是改错，改变保守，反对僵化与裹足不前。向改革要动力，靠改革提质量，"不改革死路一条"这绝非戏言。

20 世纪八九十年代，中国高等教育的改革，特别是管理体制改革，可谓是惊心动魄，有很多重大改革突破。进入 21 世纪以来，高等教育改革究竟怎么样？在近来热议的新建本科高校转型改革前，有学者曾言：仔细梳理一下，近十余年来能在国内外引起震撼的、能使质量全面提升的、真正谈得上改革的重大举措和实践还不多；一些领导把更多精力放在争取外界同情支持、应付改善办学条件搞建设和求稳怕乱上去了，而对最核心的教育教学改革还是小打小闹，名多实少，有的甚至还在倒退。这些话不管是否偏激，希望成为高教界各级领导反思及激发改革欲望和能力的一种警示。因为，中国高等教育需要在全面深化改革中提质升华、由大变强；改革，特别是教学改革，是提高中国高校人才培养质量的金钥匙。

古往今来，凡事成于真，兴于实，废于虚，毁于假。全面深化高等教育改革，一件件一项项都是实打实的事，虚情假意不成，蜻蜓点水也难有实效。

高等教育改革情况复杂、头绪繁多，但从大的方面划分，主要是两条线：即体制改革和教学改革。把什么都往"体制"上靠，容易使人糊涂。原来提"体制改革是关键，教学改革是核心"，是很清楚的；后来有了"人才培养体制"的概念，并将其作为改革的"核心"，有人就觉得越谈越玄乎了，特别是现实中又没有按"核心"作重点部署，更让人不解。

简明地说，体制改革主要是宏观管理和制度政策层面的改革，重点应是治转型、理顺各种关系、提高办学效率。对政府主管部门来说，在抓好改革的顶层设计的同时，更应着力于转变职能和简政放权。而教学改革，与提高人才培养质量的关系最密切、最直接，主要责任虽在高校，但主管部门的政策导向也至关重要，没有推进改革的路线图和时间表，没有正确有效的考核评估和激励机制，就会放任自流，进展缓慢。若问高教体制改革与教学改革哪个重要？哪个在前，哪个在后？这也是个争论不清的问题。高教体制改革的全局性、导向性和艰巨性自不必说，教学改革对人才培养、质量跃升的重要性，也是不能等的。所以不争论，按照实际需要与可能扎实推进，方为上策。无论是高教体制改革，还是高校教学改革，都应始终聚焦在三个落实上，即落实到提高人才培养质量、惠及全体学生上；落实到提高科研学术水平、利国利民上；落实到提高核心竞争力、增强综合办学能力上。对高校来说，除了需要对国家统一部署安排的改革不抢跑外，只要能对提高教育教学质量，对提高办学效率、效益有利的改革，就不要迟疑等待，无论大小，都应大力推进，抓住不放，落实到人和各个环节，充分发挥和尊重教师的首创精神。在强调综合改革、整体效应的今天，高教界应努力开创体制改革和教学改革"双峰并峙"的新局面，让双轮同转、双翼共振，使两者互相促进，互为因果，并以此增强社会显示度和认可度。

高教改革，难题众多，若左盼右等，避实就虚，则无一事可成；若奋然而为，大胆地试、大胆地闯，也未必难。中国的改革已经进入攻坚期和深水区，容易改的都改了，剩下的都是难啃的硬骨头。这是就全国大局而言的，尤其是对全面深化经济体制改革，进一步冲破旧体制障碍和调整利益格局等，无疑具有指导性。但具体到不同领域，还应作客观分析。就高等教育教学改革而言，由于不同区域不同高校改革发展不平衡，有些早就应该改和比较容易改的也未必都已经改到位了，需要补课的基础性改革也是存在的。看不到这一点，就会使改革留死角，出现"夹生饭"，留下隐患。当前，中国高等教育已进入以提高质量为核心的内涵式发展新阶段，无论是国家和社会的热切期盼，还是从高教工作自我觉醒看，全力全面提升人才培养质量的历史责任已摆在人们面前，这也必然要求高等学校一定要更多地把心思放在教学改革或人才培养模式创新上。这也是改变高等教育社会形象、获得社会更多理解与支持的需要。高等学校靠改善办学条件、加强基本建设拉动教育教学质量跃升的空间余地已越来越小，再不对长期以来形成的、已趋于僵化保守的旧教学体系，尤其是教学内容和培养方式方法进行大刀阔斧的改革，即使投入再多，也不可能使人才培养质量有大的根本性改观。提高教育教学质量必须紧紧依靠改革，这是躲不过、绕不开、等不成的，犹豫观望就会贻误时机，赶早不赶晚就能获得先机。

教学改革的主力军是教师。判断一所大学的教学改革究竟如何，只听学校领导和有关部门的自我总结介绍是远远不够的，深入考察一下该校教师的发动面和参与面有多广多深才能一目了然，尽管有少数教师凭良知有教改行动，但大多数教师并没有实际行为，那么，就可以断定该校的教改是徒有虚名的。进入 21 世纪以来，一些大学的教学改革，点上开花有示范，小范围试验也有进展；但大面积、大范围、大多数教师参与其中，并能让广大学生受惠的教改实践，还显得很不足。喊了多年的最基础的教学方法改革都难见全面大突破，照本宣科填鸭式教学仍大有市场，学生厌学与此关系很大。这说明，教学改革舍本逐末搞花架子不成，浮华繁复耍花腔、唱高调只会流于形式，一定要从能普惠学生的最基础的问题抓起，从遵循普遍规律的常识性问题入手，着眼规律坚守常识就会有真改革。《教育规划纲要》强调的"三个注重"，即注重因材施教、注重学思结合、注重知行统一，本来就是常识性教学育人理念，是带普遍性规律的教育教学真理。坚持不懈扎实抓好"三个注重"，就是教学改革的基本任务，就能使教改不悬浮，就能使广大学生得益，就能使高校人才培养质量大面积、大幅度提升。

对一个国家而言，若没有好的教育，就没有好的未来。对今天的中国高等教育教学来说，没有真改革、大改革，就没有高质量、高水平。实实在在靠改革提高质量，真真切切以质量赢未来，是实现高等教育由大变强愿景的希望所在。

（原载陈浩 马陆亭主编《中国教育改革大系·高等教育卷》，长江出版传媒/湖北教育出版社出版，2015年12月第1版。该丛书先后获第三届湖北出版政府奖，第四届中国国家出版政府奖）

高等教育改革大事记略 (1977 年—2014 年)

　　1977 年 8 月 8 日，邓小平在科学和教育工作座谈会上率先提出改革招生制度的重要建议，明确要求恢复高考制度，不再搞群众推荐。10 月 5 日，中央政治局会议专门讨论，国务院于 12 日批转教育部《关于一九七七年高等学校招生工作的意见》和《关于高等学校招收研究生的意见》，全国高等学校统一招生考试制度开始全面恢复。

　　1978 年 3 月 18 日，全国科学大会召开。邓小平在讲话中指出：四个现代化，关键是科学技术现代化；科学技术人才的培养，基础在教育；全党上下、各行各业都大力兴办和支持教育事业。4 月 22 日，全国教育工作会议召开，会期 25 天。邓小平在开幕式上作重要讲话，进一步提出教育事业必须同国民经济发展要求相适应，必须大力提高教育质量，大力提高学生的科学文化水平。会议对高等学校拨乱反正、正本清源起到了重要推动作用。10 月 4 日，教育部印发《全国重点高等学校暂行工作条例》，要求高等学校实行"党委领导下的校长分工负责制"，校党委是学校工作的领导核心。

　　1980 年 1 月 5 日—23 日，教育部在北京召开教育工作会议。中央书记处两次听取教育部党组的汇报，明确了这一时期高等教育贯彻"调整、改革、整顿、提高"方针的各项主要任务。2 月 12 日，第五届全国人大常务委员会审议通过《中华人民共和国学位条例》，明确于 1981 年 1 月 1 日起施行。12 月 27 日，中共中央组织部、教育部党组联合颁发《关于高等学校领导班子建设的意见》和《关于高等学校领导干部管理工作的通知》，对调整和加强高校领导班子提出具体而明确的规定与要求。

1981 年 1 月 13 日，国务院发布《高等教育自学考试试行办法》。

1983 年 4 月 28 日，国务院批转《教育部、国家计划委员会关于加速发展高等教育的报告》。

1985 年 5 月 12—20 日，中共中央、国务院在北京召开改革开放以来第一次全国教育工作会议，邓小平作《把教育工作认真抓起来》的讲话。27 日，《中共中央关于教育体制改革的决定》颁布，标志我国教育事业全面改革的启动。

1986 年 3 月，国家教委颁发《高等学校教师职务试行条例》，明确要求高等学校实行教师职务聘任制。12 月 15 日，国务院发布《普通高等学校设立暂行条例》。

1987 年 5 月 29 日，中共中央颁发《关于改进和加强高等学校思想政治工作的决定》。7 月，国家教委印发《关于社会力量办学的若干规定》。

1988 年 3 月 3 日，国务院发布《高等教育自学考试暂行条例》。该条例是在实践经验基础上对 1981 年《关于高等教育自学考试试行办法》的修订完善。4 月，国家教委公布《关于加强普通高等学校本科教育工作的意见》。

1989 年 3 月 2 日，国务院批转国家教委、国家计划委员会、财政部拟定的《高等学校毕业生分配制度改革方案》，明确提出将毕业生计划分配就业制度改为社会选择就业制度，即 1989 年以后入学的学生原则上实行在一定范围内双向选择、择优录用办法。

1990 年 10 月，国家教委颁布《普通高等学校教育评估暂行规定》，主要采取合格评估、办学水平评估、选优评估三种形式。

1991 年 12 月，国家计委、国家教委、财政部联合向国务院报送《关于落实建设好一批重点大学和重点学科的实施方案的报告》，"211 工程"建设由此起步。

1992 年 11 月 14—18 日，新中国成立以来第四次全国高等教育工作会议在北京召开。会议起草主文件一个：《关于加快改革和积极发展高等教育的意见》；子文件六个：《关于进一步深化普通高等学校教学改革的意见》《关于普通高等学校招生和毕业生就业制度改革的意见》等，这些文件经修改完善后均于次年 2 月陆续下发。

1993 年 2 月 8 日，国家教委发布《关于普通高等学校内部管理体制改革的意见》。2 月 13 日，中共中央、国务院颁布《中国教育改革和发展纲要》，确定了到 20 世纪末我国教育改革和发展的基本任务和目标。3 月 1 日，国务院颁布《中外合作办学条例》。8 月 17 日，国家教委颁布《民办高等学校设置暂行规定》。10 月 31 日，《中华人民共和国教师法》由第八届全国人大常委会第四次会议通过并公布，自 1994 年 1 月 1 日起施行。

1994 年年初，国家教委启动"面向 21 世纪教学内容和课程体系改革计划"。3 月，经全国人民代表大会通过，国务院颁布《教学成果奖励条例》。6 月，中共中央、国务院召开改革开放以来第二次全国教育工作会议。会后，发布《国务院关于〈中国教育改革和发展纲要〉的实施意见》。

1995 年 3 月 18 日，《中华人民共和国教育法》经中华人民共和国第八届全国人民代表大会第三次会议通过并公布（自 1995 年 9 月 1 日起施行）。7 月，国家教委印发《关于开展大学生文化素质教育试点工作的通知》。11 月 18 日，根据国务院指示，国家教委、国家计委和财政部制度出台《"211 工程"总体建设规划》，确定北京大学、清华大学为全面重点建设学校。12 月 12 日，国务院颁发《教师资格条例》。

1996 年 5 月 15 日，《中华人民共和国职业教育法》经第八届全国人大常委会第十九次会议通过并公布。该法律明确规定：高等职业学校教育根据需要和条件由高等职业学校实施，或者由普通高等学校实施。7 月，第四次全国高校科技工作会议召开，会议就贯彻《中共中央、国务院关于加速科学技术进步的决定》和落实"科教兴国"伟大战略作出部署。

1997 年 10 月，国家教委印发修订后的高等教育教学工作评估新方案，新一轮高等学校教学质量全面评价工作逐步展开。

1998 年 4 月 10 日，教育部发布《关于加强大学生文化素质教育的若干意见》。5 月 4 日，北京大学百年校庆大会隆重举行，江泽民在会上正式提出："为了实现现代化，我国要有若干所具有世界先进水平的一流大学。"8 月 29 日，《中华人民共和国高等教育法》经第九届全国人大常委会第四次会议审议通过并公布（自 1999 年 1 月 1 日起施行）。

1999 年 1 月，国务院批转教育部《面向 21 世纪教育振兴行动计划》。明确今后 10—20 年，争取若干所大学和一批重点学科进入世界一流水平。至此，"985 工程"正式立项并启动。6 月 13 日，《中共中央、国务院关于深化教育改革，全面推进素质教育的决定》颁布。6 月 15—18 日，中共中央、国务院在北京召开改革开放以来第三次全国教育工作会议，研究部署贯彻落实该决定和面向新世纪的教育改革与发展问题。朱镕基总理在会上宣布 6 月上旬总理办公会议的决定：大幅度扩大高等学校招生规模。

2000 年 1 月，教育部发出《关于实施"新世纪高等教育教学改革工程"的通知》。8 月，又发出《关于批准"新世纪高等教育教学改革工程"本科教育教学改革立项的通知》。6 月，中组部、人事部、教育部联合印发《关于深化高等学校人事制度改革的实施意见》。

2001 年 8 月，教育部发出《关于加强高等学校本科教学工作提高教学质量的若干意见》。

2002 年 8 月 24 日，国务院印发《国务院关于大力推进职业教育改革与发展的决定》。12 月 28 日，《中华人民共和国民办教育促进法》由第九届全国人大常委会第三十一次会议通过并公布。

2003 年 3 月 1 日，国务院颁发《中华人民共和国中外合作办学条例》，并于 9 月 1 日起施行。

2004 年 3 月，国务院批转教育部《2003—2007 年教育振兴行动计划》。6 月 2 日，教育部令 20 号发布《中华人民共和国中外合作办学条例实施办法》。8 月 26 日，中共中央、国务院正式印发《关于进一步加强和改进大学生思想政治教育的意见》。

2005 年 1 月，教育部印发《关于实施研究生创新计划，加强研究生创新能力培养，进一步提高培养质量的若干意见》。10 月 28 日，国务院印发《关于大力发展职业教育的决定》，要求到 2010 年，高等职业教育招生规模占高等教育招生规模一半以上。

2006 年 10 月 27 日，教育部印发《关于加强国家重点学科建设的意见》。12 月 15 日，教育部印发《国家重点学科建设与管理暂行规定》。

2007 年 5 月 18 日，教育部颁布《国家教育事业发展"十一五"规划纲要》，要求继续实施"211 工程"和"985 工程"，加快推进一流大学和高水平大学建设等。7 月 26 日，教育部、财政部印发《国家公派出国留学研究生管理规定（试行）》。

2008 年 9 月 28 日，教育部、财政部联合印发《关于批准第三批高等学校特色专业建设的通知》。12 月 19 日，中共中央政治局常委、国家副主席习近平在第十七次全国高等学校党的建设工作会议发表重要讲话，明确提出要推动高等教育事业科学发展，努力建设高等教育强国。

2009 年 1 月 9 日，国务院学位委员会下发修改的《国务院学位委员会学科评议组组织章程》。3 月 19 日，教育部印发《关于严肃处理高等学校学术不端行为的通知》。

2010年5月4日，教育部印发《关于大力推进高等学校创新创业教育和大学生自主创业工作的意见》。6月，教育部启动《卓越工程师培养计划》。7月8日，中共中央、国务院颁布《国家中长期教育改革和发展规划纲要（2010—2020年）》。7月13—14日，中共中央、国务院在北京召开第四次全国教育工作会议，会议以全面推动教育事业科学发展为主题，要求切实落实新的教育规划纲要，确保到2020年基本实现教育现代化，基本形成学习型社会，进入人力资源强国行列。

2011年4月24日，庆祝清华大学成立100周年大会在人民大会堂举行，胡锦涛在重要讲话中指出：建设若干所世界一流大学和一批高水平大学，是我们建设人才强国和创新型国家的重大战略要求。同时提出加强科技协同创新的新思路。7月1日，教育部、财政部发布《关于"十二五"期间实施"高等学校本科教学质量与教学改革工程"的意见》。11月7日，教育部、财政部发出《关于印发〈高等学校哲学社会科学繁荣计划（2011—2020年）〉的通知》。12月2日，教育部发布《关于切实加强和改进高等学校学风建设的实施意见》。12月28日，教育部第30号令发布《高等学校章程制定暂行办法》。

2012年3月15日，《教育部、财政部关于实施高等学校创新能力提升计划的意见》。5月7日，在高等学校创新能力提升计划部署会上，正式颁布《高等学校创新能力提升计划实施意见》（简称"2011计划"）。3月16日，教育部印发《教育部关于全面提高高等教育质量的若干意见》（简称"高教30条"）。7月26日，教育部、科技部签署"关于加强协同创新提升高校科技创新能力合作协议"。9月14日，教育部印发《普通高等学校本科专业设置管理规定》。11月22日，教育部印发《全面推进依法治校实施纲要》。

2013年5月4日，中组部、中宣部、中共教育部党组印发《关于加强和改进高校青年教师思想政治工作的若干意见》。11月4日，教育部、人力资源与社会保障部印发《关于深入推进专业学位研究生培养意见》。

2014 年 1 月 9 日，教育部印发《高等学校学术委员会规程》。2 月 10 日，教育部印发《中国特色新型高校智库建设推进计划》。7 月 8 日，国家教育体制改革领导小组办公室印发《关于进一步落实和扩大高校办学自主权完善高校内部治理结构的意见》。9 月 3 日，国务院印发《关于深化考试招生制度改革的实施意见》，标志着新一轮考试招生制度改革全面启动。9 月 10 日，习近平到北京师范大学与师生代表进行座谈，发表了题为《做党和人民满意的好老师》重要讲话。10 月 1 日，中共中央办公厅印发《关于坚持和完善普通高等学校党委领导下的校长负责制的实施意见》。10 月 5 日，中共中央办公厅、国务院办公厅联合印发《关于进一步加强和改进新形势下高校宣传思想工作的意见》，强调加强高校意识形态阵地建设是一项战略工程、固本工程、铸魂工程。

（原载同上）

第五辑

高教期刊刍议

心语小引：

办好一本全国权威性高等教育理论学术期刊，在某种意义说不会亚于办一所高校或一个学术机构。当然，这样的期刊应努力做到：舆论导引，学理领先，难题深究，话语构建，智库高地，思想积淀，等等。在信息技术和新传媒快速发展的大势下，常听闻曾经很红火的生活娱乐和文学类纸质期刊，转型或停办的消息，这也给高教理论学术类期刊敲起了警钟，你提供不了有丰富学术思想理论内涵的精神食粮，离倒闭估计也不远了。越是竞争激烈，越应恪守"内容为王"的信念。高教期刊的读者，都是多智商的高级知识分子，忽悠他们等于忽悠自己。这也必然对高教期刊人，特别总编或主编提出了极高的要求，只有努力使自己成为有理想、有追求、有担当、有水平的高教专家，方能胜任，不负众望。而且，长期在高智精英群熏陶历练，也完全有可能成为专家、大家。建设高等教育强国，呼唤中国应拥有世界上领先的、有思想理念制高点和话语权影响力的高教理论学术期刊。在新媒体崛起、传统纸媒受到前所未有挑战的今天，作为高教学术期刊的编辑、特别是主编，一定要努使自己成为治教治校治学理念的深悟者、布道者，一定要以别人难以取代的特有内容安身立命，把权威性、专业性、特色性、可信可靠性等优势发挥到极致。

为了不辜负"中国高教第一刊"美誉

办刊人看似散漫，其实心智始终是凝重的，喜忧甘苦全由自己体味着。《中国高等教育》杂志，一路走来，褒贬声时有。最令人心潮澎湃的是进入新世纪不久，读者自发赞扬该刊为"中国高教第一刊"。尔后又有大学校长评价说："在我国高等教育改革和发展进程中，《中国高等教育》确实发挥着极为重要的理论指导和精神引领作用。"如此评价，是对历任编辑记者辛勤付出的认可，自然也与各届总编用心用情用汗水浇灌培育分不开的。读者的诚意夸许，尤如赠予媒体人的开心礼物；但办刊人不可一味陶醉，更应想着如何还礼，即怎样以读者渴望的更美的精神食粮作报答。

《中国高等教育》的前身是 1965 年创刊、1966 年停刊、1982 年复刊的《高教战线》。1986 年 7 月正式更名时，有一段往事不能忘怀。《高教战线》复刊后，作为教育部的机关刊物，大力宣传党和国家的教育方针，及时反映教育部党组对高等教育改革发展的重要部署和政策主张，并将高教系统的好经验好做法加以总结提炼和传播交流，起到了上情下达和下情上传的效果，得到了部领导的重视和读者的好评，发行量逐年上升。与此同时，编辑部也陆续收到了一些读者的来信和意见。有读者认为，"文革"结束了，"以阶级斗争为纲"等"左"的印记也该清理，刊名仍冠以"战线"，火药味犹存，令学者反感，建议更名。这与编辑部同仁不谋而合。鉴此，编辑部于1986年初向国家教委党组呈上报告，主张将《高教战线》更名为《中国高等教育》。新组建的国家教委党组很快批复同意。在考虑请谁为新刊名题字时，大家不约而同地想到了高山仰止的邓小平同志和陈云同志。抱着试试看的心态，我们通过渠道选择，先找了陈云同志的夫人于若木同志，于和蔼地表示，教育很重要，小平同志和陈云同志都非常关切，她愿促成此事。不久，我就收到了于若木同志从南京寄来的陈云同志亲笔题字，并附一封短信。当时大家都很受鼓舞，对老一辈革命家、政治家高度关怀和支持教育的一举一动深表敬意。

刊物更名得到读者普遍赞赏，办刊水平也稳步提升。我有幸一直在编辑部供职，为读者服务，并在实践中锻炼成长。承蒙组织和同志们的信任，我于1999年3月被教育部党组任命为副总编辑，配合刘仁镜总编辑办刊。2003年初，刘总调任中国教育报总编辑，由我主持办刊工作。2004年7月1日，教育部领导正式宣布我为杂志总编辑，直至2012年6月离任。回望这一时段杂志工作，在很大程度上说，就是如何铆足了劲爬陡坡、创品牌，不负重托，报答读者关爱和殷殷期待。虽然我们未敢自我标榜是"高教第一刊"，但内心还是喜悦与忐忑并存，深彻感到肩扛的责任好大很沉，千万别辜负读者的这一抬举和嘱托，成了激励我和编辑部同仁负重前行的荣耀和动力，不敢有半点亵渎和懈怠。在《中国高等教育》更名30周年之际，新任总编要我将当时的一些所感所悟所行写下来，立此存照，也与诸位交流。回望在世纪之交的十余年中，我们主要抓了以下一些工作。

改进言论：主流声音，创新表达，呈现特色

为了提高高等教育权威声音、主流价值的传导主导实效，首先在改进评论言论上进行探索。作为教育部主创办的机关刊，《中国高等教育》原先就比较重视言论引导，先后辟有"高教时评"等专栏，不定期发表评论、短评或评论员文章。这类言论文章，是代表主管部门发言的，不可也不敢随意发挥，所以大多是教育部政策文件或领导讲话的摘抄翻版，口气、语调免不了有居高临下指令性、指示性、武断性的痕迹，读来不免生硬，甚至俗套，令一些读者生厌，话都不错，但宣传效果未必佳。为改变这种状况，就有了自2006 年第一期起开设的"卷首微言"特色专栏，并改为个人署名言论，这样可以进退自如，要灵活得多。当时还没有手机微信，不像现在新老传媒都曾对"微言大义"一词感兴趣。专栏定名"卷首微言"，首先是含谦意于其中，自知人微言轻，不可盛气凌人、强加于人；至于能不能达到"微言大义"境界，那得看笔者修行、看读者是否认可，并非自吹自擂自封可得。实践慢慢使我悟到，一篇短小言论，能否创新出彩，吸引读者，关键在于能否点好点透题亮出主旨，形成闪光点，有时可能就是一二句箴言警语，所谓一句之灵，可补一文之拙。于是，我们希望"卷首微言"短文力求秉持这样的写作理念：主流话题，多彩表达，意新为上，语新添光；或者是：深度思想，主流价值，清新表述，可信可爱。这样的要求虽然很高，但坚持去做，效果明显，一分努力，一分收获。

"小专栏，大视野；小文章，大手笔；小言论，大启迪"。这是实践一段后，读者朋友对"卷首微言"一些署名评论的评价。后来，当该专栏的有关文章结集出版时，高等教育学创始人、著名高等教育理论家潘懋元教授在书评中以"微言启大义"为题，给予高度评价。北京师范大学原副校长、著名比较教育研究专家王英杰教授也以"临风听浩歌 微言寓大义"为题发表书

评。他说："面对林林总总的书刊，忙碌的人只好有选择地阅读。《中国高等教育》作为教育部直接主创办并主管的期刊，作为高等教育研究者，我不能不读它。但是实事求是地说，我对其中的一些文章常常有一种排斥的心理，因为它们常给人一种居高临下的感觉，拿腔拿调地重复论述国家高等教育政策。与其阅读这样的文章，不如认真研读政策文本。然而，当我偶然读到一位作者以'浩歌'等为笔名撰写的卷首微言时，竟然发现了一些新意。此后每当拿到刊物，不管多忙，我都要读一读卷首微言。"王教授还说："卷首微言虽属短论，但大义寓于其中，真是'大'与'小'、'微'与'谦'、'颂'与'砭'、'虚'与'实'的巧妙结合。真可谓以吾心造吾境。"

古人说，文以载道。文章不论长短，关键还是要看有没有新话新意和合学理的思想灵光，有没有问题意识和针对性。行文无问题意识必然空泛空洞，无主旨思想必然黯淡平庸。特别是短文，一定要开门见山，直奔主题，切忌教条化、标签化、空心化。我们常常可以看到，有些一二千字的时评短论，不但标题大而不当，口出狂言，很唬人，论述时一上来就是大段大段的众所周知的所谓背景铺垫，还没有完全进入主题便嘎然而止，读者觉得不接地气不解渴，更看不到为难题顽疾化解指方向、出招数，只好一声叹息。若期刊言论多是这样，读者就会弃而不读，就难以起到应有的宣传效果，更谈不上指导性引领性了。记得有位创作大家说过：用大话说小事，用小话说大事，效果奇佳。我体悟，写大话题时，最忌满篇都是大话空话废话，一定要有具体实事细节衬托，使之骨肉兼健接地气；写小话题时，忌讳一味就事论事看不到天，没有宏观视野和深层思维，做不到以小见大，见微知著。正是"卷首微言"在撰稿选稿组稿中比较注意避免这样的弊病，有幸得到过读者的赞扬声。当年有位大学党委书记来信说："原本无需恭维奉承的，我真还没见到过写得如此好的卷首，充满灵性，笔锋犀利，文采斐然，且华章迭出，不绝如缕，一路引领。"读者的肯定，既是对办刊人的慰藉，更是一种新渴望新督促。

情系教改：育人为本，正本清源，助力提质

体制改革是关键，教学改革是核心，思想观念改革是先导。这是相当一个时期高教界高度认同的主导性重要理念，至今仍未过时。循着这个思路，本刊一向给予教学这项核心改革以高度观照，尽管很多主流媒体认为教学是高校常规性工作，很难出有轰动效应的新闻素材，往往不太关心关注；甚至有的号称高教专家也认为教学改革是小事一桩，不屑一顾。殊不知，教学工作和教学改革搞得如何，是关系高等教育人才培养质量的最本质最核心问题，抽去教学和教学改革，就会校将不校，师将不师。大学因学生而生、而存续，因能担立德树人之责而有教师位。大学的一切工作都应以学生为中心、教学为中心，动摇或颠倒教学和教学改革在大学的核心地位，大学的生存发展逻辑就会乱套，就会迷失大方向。信奉这样的理念，本刊在相当长的时期，育人为本的情结、教学和教学改革情结始终萦绕在心间，一直为加强教学工作和深化教学改革大声疾呼，关涉教学改革和人才培养模式创新的篇幅始终占相当篇幅和分量。从上世纪 90 年代中后期呼吁教学要升温、再升温，到进入新世纪以来发表一系列评论和重点稿件不断为教学改革鼓与呼，坚持宣传教学改革是核心的思路理念，与高校主管教学工作的领导和部门及教学一线教师结下了深厚友谊、不解之缘。不少活跃在教学一二线的干部教师认为，《中国高等教育》作为高端高层的高等教育专业理论期刊，能如此坚持不懈地不惜篇幅为宣传和探索教学改革和人才培养质量助力，太难能可贵了，实乃教学工作者之福，最终是学生之福。

看一看本刊在一段时期内发表过的相关署名评论，足可证明对教学改革

的偏爱是不多见的。诸如:《教学改革要大力度加速度》《提高教育质量:亟待教学方法大变革》《给力教育教学改革 创新人才培养模式》《紧紧扭住提高教育质量这个核心不放松》《提升大学教师的教书育人能力》《教学改革需整体推进和主体觉醒》等等。特别是2009年初的《改到深处是教学》和《再谈改到深处是教学》,在高教界和高校一线引起反响最大。一时间,这两篇短论的观点"改到深处是教学,改到真处是教学,改到难处是教学,改到痛处是教学"等在全国高校广泛流传。文章认为,教学是高等学校生存运行的主线、本真、主旋律;没有了教学,高校就不复存在,教学工作搞不好的高校,就不是好高校;淡忘教学改革或者不能让教学改革有实质性突破,即使别的改革搞得再热火朝天,也谈不上落到了实处,高等教育教学质量的提升和超越就难以实现。作为高等教育主流媒体,应时刻提醒大学要不断正本清源,大学越是职能多样化越要坚守大学的正道:立德树人、育人为本。学生是天,教学最大。正因为本刊有高度关注教学工作和教学改革的情结,才拥有了一大批从事教学的粉丝读者。

聚焦话题:用心策划,视角多元,形成拳头

在办刊实践探索中,本刊自新世纪以来逐渐摸索出话题聚焦、形成品牌栏目的经验,至今还在沿续,也得到有的兄弟期刊同仁肯定和仿效。世纪之交,高等教育改革发展势头猛,成效显著,但新问题新困惑也不断涌现,解困解惑需要集众智、互相启发,求同化异,以深化和扩大共识。当时编辑部设计,力争每期选择一个普遍关切的热点难点话题,遴选不同岗位的有思考的多位作者,把各自所知所惑所思写出来,不求口径一致,但愿真实在理。这样,选好作者成了重要环节。我们希望有主管部门领导、高校领导层和理论研究者分别撰写,并给予较充分时间思考深一些,然后

再从中确认四五或三四篇论文组成一组同期同栏目发表。读者对这种形式给予充分肯定，认为同一话题既有政策制定和管理者、又有基层一线实践者和理论工作者分别论述，互补共振，形成拳头，重磅出击，对读者拓宽视野和深层政策及学术研究都很有帮助。办杂志就在于赢得读者喜欢，读者认可的就该努力做得更好。这里，精心策划很重要，不宜打无准备之仗，不宜搞临时拼盘式组合。只要事前选好话题、找准作者，组稿时有所引导和要求，编稿时认真悉心，乃至善于发现突显亮点或帮助提炼画龙点睛之笔，就能使一组话题做成功做出彩，使作者和读者满意并有所感应感悟，编者也能从中学到很多，相得益彰。

与此同时，还有一种做法或许也可供办好刊物借鉴，就是选择重大话题开展较长时间的笔谈式讨论。记得前些年本刊开展的两次讨论式笔谈取得成功，获得赞誉，记忆犹在。一次是为学习贯彻宣传中央关于加强和改进高等学校德育工作的文件精神，本刊开辟以"德育为先"为主题的笔谈讨论，紧紧围绕如何加强和改进高校思想政治教育展开，历时近一年，共发表理论与实践紧密结合的相关文章数十篇，后来又以《德育为先》书名结集出版，教育部领导为该专著亲自作序，出版后发行状况良好，可谓名利双收。另一次是与教育部人事司联合开展如何"坚持和完善党委领导下的校长负责制"的笔谈讨论，也持续半年多，十余期杂志每期刊登两至三篇文章，共计35篇。由于该讨论广泛深入，一批高校书记校长踊跃撰稿，既谈切身感受，又谈问题及对策建议，有的放矢不空洞，实践性和理论性强，在读者中引起很大反响。教育部领导专门为该讨论写了总结指导性文章。后来，该专题讨论的30余篇文章被承担教育部委托的重大研究课题"加强和改进高校党委领导下的校长负责制"课题组汇编成册，供专题研究和有关领导参阅，对相关政策制定和理论研究起到积极的参考作用。可见这两次重拳出击的反响声都挺大而收获实效。

擦亮品牌：彰显理性，继往开来，不负美名

我们清醒地看到，读者称赞本刊为"中国高教第一刊"，起始有本刊是教育部主创办并直属领导指导、在同类期刊中建制层级最高、是唯一的半月刊、月发行量最大等因素；当然也在于杂志时不时刊载一些能对本领域工作有指向、导引启思的重量级人物的文章。随着时间的推移，前者的影响力在减弱或基本淡出，而对后者的渴望更甚。特别是随着全媒体时代的到来，信息大爆炸，读者获取一般化信息的渠道骤增，他们的眼光和口味已悄然发生变化，选择性挑剔性更加明显，"看热闹"已让位于"看门道"，对工作研究、深层思考、问题求解少有启迪的传统纸媒，真的是"想说爱你不容易"了。这也必然要求办刊者加快转变办刊理念和调整组稿选稿要求，以适应读者新需求新企盼。

办期刊，依托和培育主流作者是提高论文水平的重要保障。而读者是上帝的法则始终不会变，主体读者的真实感受，喜爱或不屑，就是刊物整体质量的晴雨表。得读者生，失读者亡。为了给读者提供更多更解渴更管用的精神食粮，为了将"第一刊"品牌擦亮，我们在新世纪头 10 余年进行了不断探索和努力。每期目录页上端赫然印着的"高教理论研究交流的高端平台，治教治校治学智慧的前沿瞭望"两句话，其实就是那个时期的办刊理念和办刊要求的一种表达，同时也表明刊物的定位在悄然变化。主张大力彰显理论性、思想性和实践问题的探讨性与求索性，即注重学术性。在实践中我们看到：在新老媒体竞争日趋激烈的状况下，期刊再也无法与日报尤其是新媒体比拼信息传播的快与全了，但在专与深上仍有自身的优势，在对新旧矛盾问题深入洞察和深层思考、特别是集智求解上，期刊必定会从容得多，有张力得多。换言之，在全媒体时代专业期刊更应信奉内容为王、思想深刻为要；作为高等教育期刊，就应殚精竭虑做各种高教问题的深彻洞悉者和积极求解

者，更自觉地向提升思想性、理论性和学术性方面持续发力，以提供权威性、专业性、可靠可信解渴的内容信息安身立命，以在业界知名专家学者中"专题约稿"，特别是"高端约稿"提升档次层次，光鲜品牌，独树一帜。

这样做，必然会对办刊人提出更高要求。时下的传统纸质期刊，要想让读者喜欢你、记住你、倚重你，办刊人就得树立"六做"的信心：一做纷繁复杂问题的洞悉者；二做矛盾是非争议的廓清者；三做话语可信可爱的引导者；四做共性难题顽疾的求解者；五做虚假过激狂言的纠偏者；六做深度思想理路的提供者。一句话，尤其是作为高等教育主流媒体人，就要努力争做：治教治校治学的悟道者和布道者。

作为过来人，我深知做有抱负有担当的理论或学术期刊人，是很不容易的，还需要学会协调处理好这样一些关系：一是高端约稿与发现培育新人的关系。每期杂志都应有几篇过硬的堪称名流大家权威性的顶端稿子，以吸引高端阅读者，同时兼顾多样性，分层分类。二是应景凑热闹与沉着潜深水的关系。对上级的重大决策部署要有及时反应，但要避免尽是官样文章，更应在深耕深刻独到上下功夫。三是掌握学术规范与谨防格式僵化的关系。既要讲究行文范式，又要防止过度格式化而导致新八股盛行。形式格式再完备，而思想内涵贫瘠乏味，又有何价值可言。四是选题系列化与碎片化的关系。专业期刊既要兼顾本领域的各个方面，更应坚持不懈地抓住几条主线，形成主心骨和整体感，乃至建构有自己风格的思想理论体系和话语体系。五是选稿原则性与适当灵活性的关系。主要是把住质量关和人情关，千万不可让太过功利化毁坏声誉。六是服从听话与舆论监督的关系。官有官道，刊有刊道。既要听从上级主管部门的正确导向和建议，又要遵循办刊规律和原则，以正确或独到的主见赢得尊重。这些感悟，我在此前不同场合与一些媒体人交流过，获得些许赞同，略感宽慰。

俱往矣，还看今朝！今朝，媒体环境正在发生巨变，传统纸媒生存发展的压力更大，亟需用更高智商和更大情怀予以应对和化解。如今，杂志又有新总编，编辑部新生力量也在充实中，后生可畏，后来者居上，一代更比一代强，新生代自有新招数新气象，这个容不得我们有半点怀疑。若说有何期待和企盼，也就一句话：莫要辜负"中国高教第一刊"美誉，继往开来，把品牌擦得更亮，坚定地为中国高等教育改革发展和高教理论研究与学理建树不断提供正能量。

（原载《中国高等教育》2016 年第 23 期）

坚持问题导向　优化选题策略　提升高教期刊质量

坚持问题导向是马克思主义的鲜明特点，问题是创新的起点，也是创新的动力源。这是习近平总书记作出的科学判断，很需要我们深刻领悟。

问题诱发思考，思考引发思路，思路衍生思想。然后用新的思路理论引导我们去解释问题，解释社会，解释世界，引领我们在工作实践中不断化解问题。

对高等教育研究者及为展示研究成果服务的高教学术期刊人来说，就是要着力以问题意识引导学术研究，以可信可爱的教育科学研究成果奉献给读者，在丰富和发展教育科学思想理论中国建功立业。

一、问题导向呼唤问题研判力解释力的提升

高教研究的问题导向，首先就得对高等教育改革发展中出现的问题作出有效的梳理，准确的研判。问题找错了、找偏了，问题导向就会导错和导偏方向。没有问题意识，无病呻吟，或无题空做，大题小做，都是要不得的。有时候，从小口切入，聚焦小题，大做深做，很有可能出深思精思。

如何研制中国高等教育现阶段的问题呢？我想可以两条线进行梳理分

析，即高等教育的问题改革和改革问题。一方面，有问题才需要改革，改革就是解决问题，找对问题，才能有的放矢，对症下药。另一方面，改革开放快40年了，取得了巨大成就，但改革本身也存在不足，需总结和反思，以防走弯路。

鉴于此，我有两方面不成熟的判断。

1. 短板软肋隐忧多：高校发展之痛。

近来，我曾对高校改革发展存在的普遍性问题作出判断，有过概括：思想贫困、本性迷失、精神失守、治权错乱、文化不彰、改革悬浮、提供乏力。这样的概括，得到一些高教工作者的共鸣，鼓励我多呼吁，不但要给基层讲，还要让上层能听得见。

2. 谈玄缠虚挂空挡：高校改革之困。

在很多情况下，不少高校的改革已陷入空谈、玄谈、混谈的困局，避实缠虚，悬浮不落地；或者是改革欲望和动力严重不足！把改革举措、手段、方法当成改革目的；纠缠于一些似是而非的所谓热点问题，做表面文章，习惯于将开会、发文件当作改革全部，等等。

所以说认清问题改革和改革问题，不但是实践的需要，推动精准有效改革；也是深化学术研究的需要，促进理论创新。两者合并起来说，就是为了"长善救失"，致真又至善！

二、选题策划水平取决于办刊人的境界和修养

办刊人主要是指编辑，特别是主编的修养，应该大力提倡岗位成才。观察当今高教期刊界，选稿组稿大概有四种类型。

一是"等米下锅型"：来什么，选什么，上什么，搞大拼盘，填满版面拉倒。

二是"守株待兔型"：凭主管部门大牌子，凭已有影响力，等待求上门来，吹吹拍拍，沾沾自喜有面子。

三是"出租平台型"：出卖版面，出租栏目，不顾质量标准，搞利益交换，从而获利获名。

四是"挖矿掘金型"：不满足于自然来稿、一般索稿，而是开动脑筋主动出击，自觉开展超前的有深谋远虑的重大选题策划，用心选对作者，深入了解读者需求，以组织到本领域能体现时代性、前沿性、引领性的，富有学理性和思想性精品稿件为荣。就是质量至上，读者之上，就是有高度责任心和事业心！

选题策划是办好刊物极为重要的环节，高水准、高质量的学术期刊，离开了独具匠心，独具慧眼的策划，是不可想象的。高教界学科齐全，人才济济，任何好选题，包括难题，总能找到合适的作者，总能组织到好文章，就看你下不下真功夫，功夫不会辜负有心人的。

在强调分众传播，差异化传播，专业化传播的当下，更应注重"精确"传播，"有料"传播。精准，就是要有针对性，问题意识。有料就是要有学理性、思想性，让论文有思想灵光闪烁。要言人所未言，言人所不敢言。

比如：针对有人把大学分为学术性和应用型两大类，就应说道说道，这是并不科学的、混淆是非的大学分类法！应用型难道没有学术，不是学术吗！

当然，能不能做到以问题意识引导学术，能不能将本领域最高水平最好文章网罗到自己刊物发展，在很大程度上是与刊物的地位、办刊人的魅力和修养是分不开的。有大付出就会有大收获。

职业修养是思想文化水平，道德情操，业务技能等综合体现。必然要求办刊人在广博见识的基础上，对某一领域或方向有专门研究，有独到见解，成为专家、学者。历史上，编辑主编成为名家、大家的很多。问题是，你积累到一定程度，要发声，撰文，立言！不立言，难成名家、大家。

三、时代需要可信可爱的教育科学研究成果

可信——论证要扎实，例证可靠，不虚假，让言之有物有理。

可爱——可读性强，引人入胜，表述生动，有精辟见解，有思想火花，要防止和反对新八股，书卷气要有，学究气不可太甚，应多些"有感染力"的语言。语言是一种社交能力，也是一种学术表现力。学术权威往往是通过话语产生和再生的。写文论，写到深处是语言；做学问，问到深处是话语。社会科学大师们，无不都会从语言精深新中寻找学理支撑，展现理论思想灵气灵光。语言陈腐沉闷，何来生气生机。我国文学史上曾有"语不惊人誓不休"的探求，这很值得当今学术界借鉴。高手常将为文写作看成是心灵之业，行文当追求放开神思、纵横奇正、触目动心，让人欢喜。

高教期刊的文风问题：应防止可信不可爱，可爱不可信，不可靠。近来，有些知名大学在调整学科建设，将教育学院撤并了。说明了什么？领导短视。但也不可否认，有的高教研究机构的确存在不强，不太管用，可有可无的问题。从全国看，是高等教育学科体系、学术体系、话语体系建设水平亟待提高。高等教育界学科包罗万象、研究领域应有尽有，还在不断开拓创新，可就是对自身是什么、高等教育何为等问题研究不深不透，浅尝辄止，岂非怪事？有远见的高校领导，是不会也不应轻忽对高等教育规律研究的。在倡导话语权和话语体系建设的今天，已有较大影响的理论学术期刊，也应该有这方面的自觉与自信。也就是说，我们高教学会所属的期刊，应该为中国特色、中国气派、中国风格的高等教育研究话语体系构建，作出不懈的努力，为改变西方中心主义，改变西强东弱局面做贡献。

学术的生命力在于创新。社会科学的创新主要体现在理论创新，思想思

路创新上，而且可大可小。正如习近平所说：解释一条规律是创新，提出一种学说是创新，阐明一个道理是创新，创造一种解决问题的办法也是创新。

从宏观上看，高等教育学术研究是否可信可爱，最根本的正是要从建立健全学科体系、学术体系、话语体系的高度发力！

学科体系不但决定学术体系，影响话语体系。学科体系不健全，就难以为话语体系提供理论、概念、范畴和表述表达的支撑，就会陷入只会就事论事，有理说不出，说不清，说不精彩，说不响亮；或者说了传不开、传不久，没人理睬，没人信服，没人点赞，没人跟踪的尴尬！！

总之，高教学术期刊，在高等教育学科体系、学术体系、话语体系建设中负有重要责任，是可以有所作为的。高等教育思想理论创新，总是从高教问题开始的，发现问题，筛选问题，深解问题，是高教研究的价值所在，也是高教思想理论体系建设的生长点和生命力所在。你怎样思想，就有怎样的行为及生活。

（本文系作者于 2016 年 7 月 15 日在中国高等教育学会系统期刊负责人研讨会上的主旨发言提纲，此为首次公开发表）

跋语遐思

　　一个浙东大山的儿子，从小摸打滚爬于深山竹林溪边，上学读书之余，曾以挖竹笋、背毛竹、放羊割草、摸鱼捉蟹为乐。自知薄学寡识，是四肢发达、头脑简单的家伙。做梦也没有想到，居然还能上大学，毕业后又茫然进京，竟与文字结下不解情缘；大半辈子不是编，就是写，甘苦喜忧兼而有之。

　　初留文字于世，稚拙可笑，自读都脸红汗颜。多年的媳妇熬成婆，但最多也是个臭婆娘。岗位所逼，经常与大学校长、教授打交道，不戮力提升自己，就无以立足。感恩当年的领导，敢于将重大采写任务压给我。记得上世纪80年代初，《高教战线》（《中国高等教育》前身）尚未复刊，《人民教育》的领导派我去上海，单独专门访谈上海音乐学院老院长、著名音乐家贺绿汀。访谈稿写成后，领导通过关系，送中宣部、文化部等老领导、理论名宿审阅。审改稿退回来了，大咖们一丝不苟的细读细改精神，特别是在要害关键处的精准用语和画龙点睛之笔，着实让我开眼和敬佩至之。1985年夏天，奉命去浙大采访前不久从联邦德国留学载誉而归的路甬祥老师，在杂志发表了《墙外开花墙内香——记发明家路甬祥》，后来上海《解放日报》以《发明家路甬祥》为题全文分几期转载，《人民日报》海外版摘取其中部分以《路甬祥回国以后》为题予以发表。谁也没想到，一个普通教师，很快成长为副校长、校长，中科院副院长、院长，直至全国人大常委会副委员长。1986 年夏（这次主动请缨、获批准），赴上海几天几夜深入采访王沪宁及其领导、同事、家属，并撰写《后来居上者——记复旦大学最年轻的副教授王沪宁》于同年《中国高等教育》第 9 期发表。当年已是名人的王沪宁，睿智与谦逊的风格，给我留下深刻印象。刊登该文的杂志出版后，他发现有一个小误笔，专门写信给我指出并宽慰"无大碍，可记取"。信中他还将我们在复旦校园内的多张合影照片洗好一并寄来，让我内心顿添温热。那时候，还采写过多位院士、部级以上领导。与大家名人对话，他们的学养、高见、人格风范，永远是我学习的榜样。

到了上世纪九十年代中后期，我有幸结识了曾任教育部高教司司长、副部长的周远清教授，后来可以说成了忘年交。开始 10 余年，我曾为他写了 10 来篇访谈录。他的少有官腔又与时俱进的深邃思考，通过每年一两次的访谈录发表出去，精彩经典的话语不断，诸如改变"四个投入不足"、"教学改革要升温再升温"、"体制改革是关键，教学改革是核心，本科教育是基础，思想观念变革是先导"等等，有力指导教育教学工作有声有色地开展。很多主管教学工作的校长、教务处长及各地教育厅的高教处长纷纷说，有这样的分管高等教育的部领导，我们觉得工作方向明、底气足、干劲大。杂志也因此指导性增强而广受读者喜欢，为了感谢周远清教授对我的教育帮助，当《周远清教育文集》第四卷、第五卷出版时，我自告奋勇写了两篇读后感书评。当周远清读了我写的《衷情高教理论创新的长者之尊——读＜周远清教育文集（五）＞感怀》一文后，他给我发了一则短信说："又看了一遍你写的读五卷的文章，感想多多，从九三年开始九篇访谈、两篇读文集感想，给了我好多支持帮助，感激不尽。读五卷感怀朴实、条理清晰，总结了我一生的教育研究人生，非常感谢。"天呐，说反了呀，应该是我对他"感激不尽"

才对，他才是我的知遇之恩人。可这就是一位老领导谦恭为人。还记得，前年春节，周远清在电话中突然问我：陈浩，看你跑基层挺勤快的，那你一共跑过多少所高校了呢？我说：据初略回忆，已过七百、不到八百所吧。他说：那你还没我多，我已有九百来所了，多与高校直接交往，对观察思考问题很有帮助，大兴调研之风好呵！

进入新世纪十余年，在总编辑任上，为加强《中国高等教育》言论引导，特开设了"卷首微言"特色专栏。一时找不到合适的作者，只好赶鸭子上架，自己硬着头皮学研写，用的是"浩歌""向和"的笔名。七八年下来，写了百余篇，当这些署名高教时评以《微言评高教》结集出版时，著名高等教育学大家潘懋元先生赐序《微言启大义》，也有书法家赠"浩歌惊世俗，微言寓大义"墨宝。这让我受宠若惊。更有一些地方高校校长朋友谬称我是"高等教育理论家思想家"，这就使我万分诚惶诚恐，无地洞可钻了。戏言，纯属戏言！

到了2012年7月，我离任总编辑。本打算就此封笔，做一个逍遥自在的观潮者。承蒙领导和同道抬爱，同年8月起当了一届五年的中国高等教育学会副会长，在其位总得谋其职，那就以苦作乐，再搞点高教研究行当呗。五年下来，雁过留声，竟也留下了一些文字笔墨。近年，高教学会秘书处因工作需要借调一些大学的硕士博士和青年教师，认识后有的找来我的一些旧作阅读，有位博士教师突然对我说：陈会长的文章，文字读上去真舒服；而且问题意识强，观点鲜明，所思所虑能直抵心灵深处，有的仍有启迪和导向意义。有的附和说，便于阅读研究，汇集出版仍不失价值所在。开始，我也当恭维话没在意。在几所高校考察调研时，竟然也有校长处长朋友诚意建议我再汇总出版的，并说要先睹为快。心动了，但愿不会是浪费纸张资源。本书收录的大多是已在公开报刊发表过的文论或有关书稿的核心内容，也有少量是尚未公开发表过的讲演稿选节摘要。如有不妥处，责任全由本人承担。

盼读者匡误正谬。倘若有感兴趣的读者，在阅研这些文论时能结合当时的背景，效果可能会不一样，也是我的荣幸。

时光流逝，岁月递嬗。我这辈子要感恩感谢的人太多了，这次尤其要感谢教育部高等教育司司长吴岩博士在繁忙工作中，挤时间撰写有个性、思考深刻、启发颇多的序言，为本书增色添了彩。在我心目中，吴岩是高等教育学博士，理论研究深、成果多，很有造诣，现在又站上了政策指导性和实践引导性很强的高教司司长岗位，这是极有希望推进高教改革的实践创新和理论创新良性互动的特别职位，众人瞩目。他能用心用情为此小书作序，且多有溢美之词，着实让我愧不敢当，这深情厚谊，只有将其放在心底。

本书得以很快出版，要特别感谢团结出版社梁光玉社长的鼎力支持，优先安排；要感谢编辑牛浩及社内所有付出辛劳的朋友；感谢浙江工业大学教师李晓博士及高教学会秘书处聂文静编辑等为搜集整理文本及打字所提供的无私帮助；还要真诚感谢卢丽君主任为调整文本、诸多文字打印等提供的帮助。叩谢各位！

陈 浩

2018 年 3 月 28 日